MW01635647

ÉCOLE LENÔTRE
LA PÂTISSERIE / PASTRYMAKING
Grands Classiques et Créations
Classics and Creations

ECOLE
LENÔTRE
PARIS

ECOLE
LENÔTRE

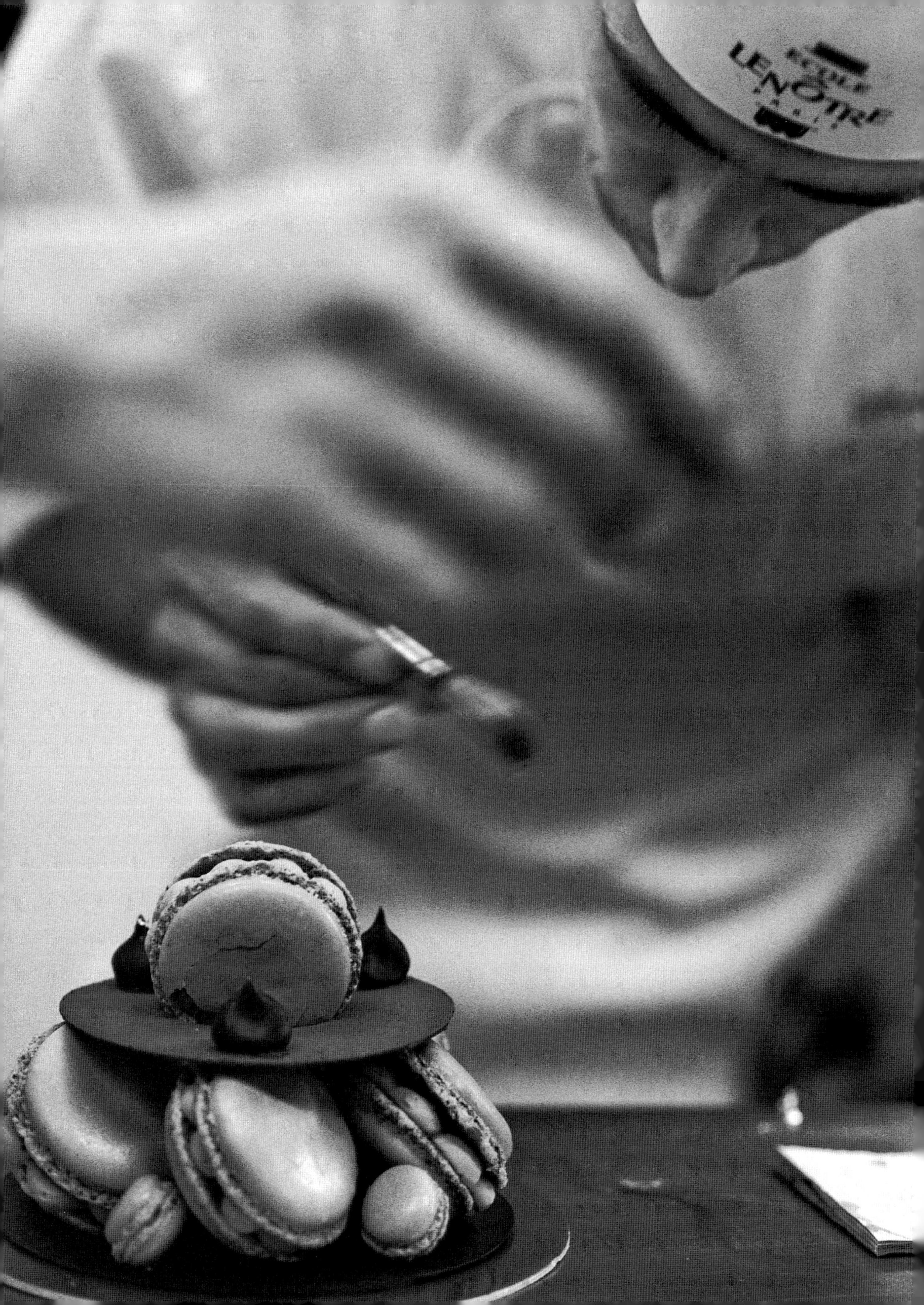
LENÔTRE

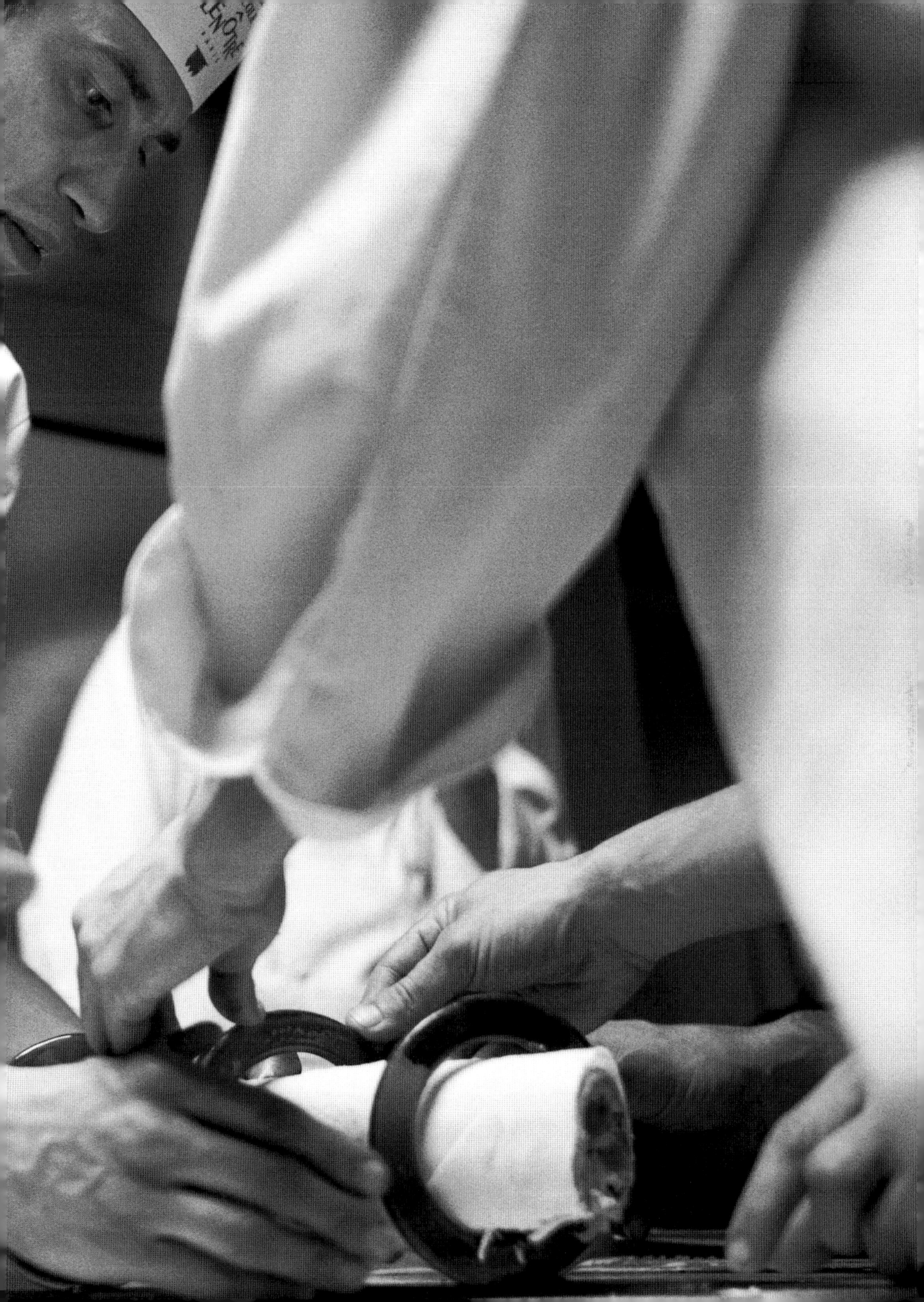

LENÔTRE
PARIS
SALLE
GASTON LENOTRE

Responsable du projet / Project manager : Alexandra Peyromaure, Lenôtre

Traduction anglaise/ English Translation : Rebecca Reid

Photos : Éric Morin
(Crédits / Credits : © Éric Morin/École Lenôtre)
Stylisme / Styling : Mario de Castro
Création graphique et montage / Graphic design and artwork : Christian Kirk-Jensen / Danish Pastry Design assistée d'Émilie Dallot

Coordination, responsable d'édition / Coordination, project editor : Janice Herrmann
Éditeur / Editor : Jean-Pierre Chalangeas

Photogravure / Photoengraving : Grafotitoli Bassoli, Milan
Impression / Printing : Clerc, Saint-Amand-Montrond

9-11, rue du Tapis-Vert.
F-93260 Les Lilas / France

ISBN 2-86547-077-6

ÉCOLE LENÔTRE
LA PÂTISSERIE
PASTRYMAKING

Grands Classiques et Créations / Classics and Creations

Traduction anglaise / English translation **Rebecca Reid**

EDITIONS JEROME VILLETTE

Préface / Preface

GASTON LENÔTRE

Meilleur Ouvrier de France *honoris causa*

Révolutionnaire ? En effet, je l'ai été en 1971 lorsque j'ai créé l'École Lenôtre. À une époque où le succès de ma Maison, à travers les réceptions de prestige et les boutiques, aurait dû me pousser à garder précieusement mes recettes, j'ai voulu ouvrir les portes, échanger, former et transmettre.

L'idée était audacieuse, beaucoup plus qu'on ne le croit : à partager les meilleures recettes du pâtissier Lenôtre, n'allais-je pas livrer tous mes secrets à la concurrence et me mettre en danger ? Bien au contraire, avec le talent de mes équipes, femmes et hommes, chocolatiers, pâtissiers, confiseurs, cuisiniers, maîtres de réception, nous avons toujours gardé une longueur d'avance. Ne m'a-t-on pas souvent dit que, grâce à notre école, c'est toute la pâtisserie française qui avait pris un « coup de jeune »…

L'École Lenôtre, en marge du laboratoire que j'ai installé à Plaisir en mai 1968 (sic !), est une marmite bouillonnante d'idées et d'énergie même si l'on y apprend, avant tout, les BASES. Ah, comme ce mot est important, et comme il a été galvaudé ! Lorsque je recevais un jeune apprenti qui souhaitait devenir cuisinier, je lui conseillais toujours de commencer par la pâtisserie. Les poids, les mesures, les températures, quelle bonne école pour la rigueur indispensable dans nos métiers !
Avant d'improviser, il faut savoir ses gammes. C'est comme pour jouer d'un instrument ou pour danser.

A revolutionary? I actually was one when I created the École Lenôtre in 1971. At a time when my company's success, acquired through its prestige receptions and chain of pastry stores, should have pushed me to guard my recipes jealously, I opted instead to open the doors, engage in discussion, provide training and pass on my knowledge.

The idea was a daring one, much more so than you might think: by sharing the best recipes of Lenôtre the pastrymaker, wasn't I about to hand over my secrets to the competition and put myself at risk? On the contrary, thanks to the talents of my staff, men and women, chocolatemakers, pastrymakers, confectioners, cooks, reception organizers, we have always managed to stay one length ahead. I have been told so often that, thanks to our school, the entire French pastrymaking industry has been given a "boost of youth"...

The École Lenôtre, a fringe activity to the culinary laboratory I established in the town of Plaisir in May 1968 (a historic date in more than one way!), is a pot simmering with ideas and energy, even if people primarily go there to learn the BASES. Ah, how important that word is, and how hackneyed it has become! Whenever I welcomed a young apprentice wanting to become a cook, I always advised him to start with pastrymaking. The weights, the measures, the temperatures, what a

Nous ne sommes pas des artistes, mais des artisans animés par la passion du métier, le respect du travail bien fait, avec un grain de folie tout de même… comme les stars que nous avons la chance de côtoyer lorsque nous créons, pour elles, les plus belles fêtes parisiennes. Pourtant c'est à l'École Lenôtre, loin des paillettes, que tout se passe, dans la nudité claire de nos salles de cours, celles mêmes qui portent les noms de nos plus brillants professeurs fondateurs : Gilbert Ponée, Marcel Derrien, hommes de grande qualité à qui je rends ici hommage.

On y apprend le choix des meilleurs produits, l'exactitude du geste, la maîtrise des cuissons, l'alchimie subtile et parfois délicate qui préside à la transformation de la matière brute en une éphémère œuvre d'art. Je reprendrais volontiers à mon compte cette belle formule de Le Corbusier : « La tradition consiste à créer son époque »… Même la réalisation d'un croissant relève d'un processus de création ! Pour obtenir le bon goût de beurre, le fondant, le croustillant, la plus jolie et appétissante forme, il faut d'abord avoir imaginé le croissant parfait ! Vous l'aurez compris, ce clin d'œil au croissant, le « prince des modestes », est une façon de vous dire comme notre métier est grand et humble à la fois.
Ma fierté aujourd'hui est de voir cette frémissante nouvelle génération d'étudiants dont les conversations, dans toutes les langues, bruissent dès le matin

great school for learning the rigor so indispensable to our trades!
Before you can improvise, you have to be familiar with your product lines. It's just like playing an instrument or dancing. We're not artists, but artisans driven by a passion for the profession, a respect for a job well done, yet with a hint of madness all the same… like the celebrities we are lucky enough to meet when we create the very finest Parisian parties for them. Yet it is at the École Lenôtre, far from the glamour, that it all happens, in the bright starkness of our classrooms, which bear the names of our brilliant founding teachers: Gilbert Ponée, Marcel Derrien, men of great quality to whom I pay tribute here.

It is there that you learn how to choose the best products, how to perform the most precise gestures, how to master cooking times, the subtle and sometimes delicate alchemy that governs the transformation of raw material into an ephemeral work of art. I would love to be able to lay claim to Le Corbusier's fine words: "Tradition consists in creating one's era"… Even making a croissant is a process of creation! In order to obtain the right buttery taste, the melting texture, the crispiness, the most attractive and appetizing shape, you have to start by imagining the perfect croissant! That's right, my allusion to the croissant, the "prince of simplicity," is a way of showing you how great and yet how humble our profession is at the same time.

dans les couloirs de l'École. Je suis enchanté de voir de plus en plus de jeunes femmes, venues de Corée, d'Israël, du Japon, du Brésil, des États-Unis, du Moyen-Orient et d'ailleurs, passionnées et déterminées à prendre leur place dans ce métier qu'on disait « d'homme ». Je suis convaincu que leur sensibilité et leur compétence vont contribuer à l'évolution de la cuisine et de la pâtisserie dans un monde qui change. Je leur souhaite à toutes et à tous, beaucoup de succès et de plaisir dans leur future carrière : Succès et Plaisir sont aussi les noms de deux entremets emblématiques de la maison Lenôtre, tout un programme !

Je tiens enfin à féliciter et remercier l'équipe qui tient la barre de la maison Lenôtre que j'ai créée il y a maintenant 50 ans — le temps a passé si vite ! — Patrick Scicard, aux commandes du navire depuis 10 ans. Lui et moi nous comprenons « à demi-mot », c'est tout dire. À ses côtés, Philippe Gobet anime l'École Lenôtre en perpétuant les valeurs qui m'ont fait vibrer toute ma vie et que je me suis efforcé de transmettre. Il est secondé dans sa mission par une équipe de professeurs talentueux et engagés, parmi lesquels Gilles Maisonneuve qui a contribué avec ferveur à la rédaction de ce livre. Qu'ils en soient tous remerciés du fond du cœur.

Nowadays, my pride lies in seeing this exciting new generation of students whose conversations, in all languages, echo through the corridors of the School every morning. I'm enchanted to see more and more young women, from Korea, Israel, Japan, Brazil, the USA, the Middle East, and elsewhere, all passionate and determined to take their place in what used to be called a "man's" profession. I'm convinced that their sensitivity and skill will contribute to the evolution of cookery and pastrymaking in a changing world. I would like to wish all of them, men and women, much success and enjoyment in their future career: Succes (Success) and Plaisir (Pleasure) are also the names of two desserts symbolic of the Lenôtre company.

Finally I would like to congratulate and thank the staff who have been at the helm of the Lenôtre company that I created 50 years ago (the time has gone by so fast!): Patrick Scicard, who has been in command of the ship for 10 years—he and I can communicate almost without words. At his side, Philippe Gobet coordinates the École Lenôtre, perpetuating the values that have inspired me throughout my life and that I have striven to keep passing along. He is assisted in his mission by a team of talented and committed teachers, among them Gilles Maisonneuve who made an enthusiastic contribution to the writing of this book. I thank them all from the bottom of my heart.

ECOLE
LENÔTRE
PARIS

Préface / Preface

PHILIPPE GOBET

Meilleur Ouvrier de France

« De toutes les passions, la seule vraiment respectable me paraît être la gourmandise », ainsi Maupassant devise-t-il sur la source de notre inspiration... Cet ouvrage est dédié à tous les pâtissiers qui, depuis plus de 35 ans, viennent se ressourcer dans la première école gastronomique française, créée par notre maître à tous : Monsieur Gaston Lenôtre.

Gilles Maisonneuve, professeur de pâtisserie, a eu à cœur de vous révéler tout le savoir-faire de nos Chefs Pâtissiers. En composant cet ouvrage, il vous invite à entrer dans leur univers gustatif généreux, créatif et hautement professionnel pour vous donner l'envie de réaliser des desserts intemporels.

La pâtisserie ne cesse d'évoluer, elle ne peut se réinventer sans une connaissance parfaite et maîtrisée des bases, notions élémentaires mais ô combien essentielles de notre travail quotidien. Entremets de tradition et nouvelles créations deviennent ainsi la contribution de l'École Lenôtre à l'univers des plaisirs sucrés.

Un hommage à tous les pâtissiers est rendu au travers des incontournables de la tradition Lenôtre : bonheur de retrouver le goût originel d'un « Opéra » ; joie de déguster un « Succès » ou volupté de savourer un « Plaisir ». Une place importante est également réservée aux créations, tels le « Club des îles », véritable architecture de douceurs, de couleurs et de goûts, le « Délice café » qui allie le croquant et le fondant, ou le « Jeu des saveurs » qui émoustille notre palais en le plongeant dans les souvenirs de l'enfance.

Pâtissier confirmé ou débutant, j'espère que vous aurez le même bonheur à déguster ce livre que nous en avons eu à le réaliser. Salutations gourmandes...

"Of all passions, I believe the only truly respectable one is gourmandise," to quote Maupassant on the source of our inspiration...This book is dedicated to all the pastrymakers who, for over 35 years now, have come to recharge their batteries at the very first French school of gastronomy, created by the master of us all: Mr. Gaston Lenôtre.

Our pastrymaking teacher Gilles Maisonneuve was eager to reveal the abundant know-how of our Pastry Chefs. By putting this book together, he invites you to enter into our prolific, creative and highly professional world of taste, inspiring the desire to create your own timeless desserts.

Pastrymaking is evolving constantly and, like any evolution, no pastry could be conceived without a perfect mastery of the bases, notions that are elementary but oh how essential to our everyday work. As a result, traditional desserts and new creations have become the École Lenôtre's contribution to the world of sweet pleasures.

Tribute is paid to pastrymakers everywhere through the "musts" of Lenôtre tradition: the bliss of rediscovering the original taste of an "Opera"; the joy of sampling a "Succes," or the voluptuousness of savoring a "Plaisir." An important place is also reserved for new creations, such as the "Club des Iles," a veritable architecture of sweetness, colors and tastes, the "Coffee delice," which combines crunch with a melting texture, or the "Jeu des saveurs," which teases the taste buds, plunging us into a world of childhood memories.

Confirmed pastrymaker or beginner, I hope you will enjoy sampling this book as much as I do. Gourmand greetings...

Avant-propos / Foreword

GILLES MAISONNEUVE

Grâce à son talent visionnaire et sa générosité d'esprit, Gaston Lenôtre nous a transmis un savoir-faire incontestable et un véritable amour pour le travail bien fait. Sa pâtisserie ne cesse d'enthousiasmer tous les jours les clients du monde entier et en dévoilant ces merveilleuses recettes, je suis fier et heureux de contribuer à élargir la collection des livres de l'École Lenôtre.
Originaire d'Auvergne, j'ai commencé le métier auprès de grands professionnels qui m'ont transmis leur passion et permis d'entrer dans le monde des restaurants étoilés, traiteur et hôtellerie de luxe. Durant tout ce parcours, je me suis senti peu à peu attiré par l'enseignement. En rejoignant l'École Lenôtre en tant que professeur de pâtisserie, j'y ai découvert un univers d'une très grande richesse : échanges de culture, formations au bout du monde mais aussi rencontres avec des chefs de très haut niveau, des hommes passionnés et créatifs. Tous m'ont apporté leur expérience, leur soutien, leur connaissance et leur savoir-faire.

Ma passion me conduit naturellement à vous faire découvrir ou redécouvrir les grands classiques Lenôtre, mais aussi des entremets plus contemporains aux montages sophistiqués, des tartes d'hier et d'aujourd'hui, des macarons multicolores aux parfums étonnants et des gourmandises incontournables.
C'est avec une grande émotion que je vous invite à tourner ces pages pour partager avec vous ces inoubliables moments de plaisir.

A man of visionary talent and generous spirit, Gaston Lenôtre has handed down his unquestionable know-how and genuine love for a job well done. His pastries are a constant source of wonder for customers worldwide, and by revealing his superb recipes, I am happy and proud to be contributing to the Ecole Lenôtre's collection of books.
As a native of the Auvergne region, I started out in the trade working with some great professionals who communicated their passion for their work and allowed me to enter the world of "three-star" restaurants, catering and luxury hotels. As my career developed, I gradually became attracted to teaching. On joining the Ecole Lenôtre as a pastrymaking teacher, I discovered a world of incredible richness: cultural exchanges, trainings on the other side of the globe, and also the chance to meet highly talented chefs, creative men with a keen devotion to their trade. Together, they brought me their experience, support, knowledge and know-how.

My own passion naturally leads me to present—or re-present—the great Lenôtre classics, along with some more contemporary desserts requiring sophisticated assembly, tarts of past and present, multicolored macaroons with amazing flavors and a few must-have "gourmandises."
It is with great emotion that I invite you to turn these pages, and allow me to share those unforgettable moments of pleasure.

ECOLE
LENÔTRE

ECOLE
LENÔTRE
PARIS
ECOLE
LENÔTRE
PARIS

Chapitre 01

ÉCOLE LENÔTRE

Les classiques / The classics

01. Feuille d'automne
Autumn Leaf

Composition pour 3 entremets de 8 personnes
6 fonds de succès amande (recette page 264)
3 fonds de meringue française (recette page 270)
Mousse au chocolat noir
Éventail chocolat (chocolat de couverture noir Ultime 70 %)
Appareil chocolat noir (voir recette page 271)

Mousse au chocolat
75 g de pâte de cacao Grand Caraque 100 %
185 g de sucre semoule
270 g de jaunes d'œufs
300 g de beurre
485 g de blancs d'œufs
675 g de chocolat de couverture noir Concorde 66 %

Procédé
Faire fondre le chocolat et la pâte de cacao au four à micro-ondes ou au bain-marie. Ajouter le beurre pommade et les jaunes d'œufs. Mélanger énergiquement à l'aide d'un fouet.
Monter les blancs d'œufs avec le sucre semoule, puis les incorporer dans le premier mélange. Réserver.

Montage
À l'aide d'un pinceau, badigeonner d'appareil chocolat noir pour isoler les deux faces des fonds de meringue et de succès.
Poser un fond de succès à la base des cercles (6 cm x 20 cm de diamètre), masquer les parois de mousse au chocolat, garnir l'intérieur, lisser, poser un fond de meringue, garnir de nouveau de mousse, lisser puis poser le dernier fond de succès. Garnir et lisser de mousse à hauteur du cercle. Réserver au frais.

Décor et finition
Faire fondre du chocolat de couverture noir Ultime 70% à 45°C. Faire chauffer des plaques inox au four à 50°C.
Verser 200 g de chocolat de couverture par plaque, puis étaler au rouleau en mousse alimentaire (type rouleau à peinture) le plus régulièrement possible. Faire prendre au réfrigérateur puis remettre à température ambiante.
Avec une palette inox, décoller des bandes de 10 cm de largeur. Les déposer autour des entremets. Plier le haut sur le dessus de l'entremets.
Réaliser des éventails en chocolat à l'aide d'un couteau à fine lame puis les déposer en rosaces sur l'entremets.
Saupoudrer de sucre glace ou de neige décor. Réserver au frais.

Composition for 3 desserts serving 8
6 almond succes bases (recipe page 264)
3 French meringue bases (recipe page 270)
Dark chocolate mousse
Chocolate fan (70% Ultime dark chocolate couverture)
Dark chocolate mix (see recipe page 271)

Chocolate mousse
75 g 100% Grand Caraque cocoa paste
185 g granulated sugar
270 g egg yolks
300 g butter
485 g egg whites
675 g 66% Concorde dark chocolate couverture

Method
Melt the chocolate and the cocoa paste in the microwave or in a bain-marie. Add the softened butter and the egg yolks. Whisk briskly.
Whisk the egg whites with the granulated sugar, then add to the first mixture. Set aside.

Assembly
Using a brush, dab with dark chocolate mix to separate the two side of the meringue and succes bases.
Put down a base of succes in the bottom of the cake rings (6 cm x 20 cm in diameter), conceal the sides with chocolate mousse, fill the inside, smooth over the top, put down a base of meringue, fill with mousse again, smooth over then put down the last succes base. Fill and smooth over with mousse to the top of the ring. Keep in the refrigerator.

Decoration and finish
Melt some dark Ultime chocolate couverture at 45°C. Heat some stainless steel sheets in the oven at 50°C.
Pour on 200 g of chocolate couverture per sheet, then spread out using a foam food roller (like a paint roller) as evenly as possible. Leave to set in the refrigerator then return to room temperature.
Using a stainless steel palette, cut and remove strips 10-cm wide. Arrange them around the cakes. Fold the top of the strip onto the top of the cake.
Make chocolate fans using a fine-bladed knife then arrange in rosette shapes on the cake.
Sprinkle with confectioner's sugar or decorative snow. Place in the refrigerator.

02. Opéra
Opera

Composition pour 1 cadre de 27/37 cm et de 2 cm de hauteur (20 personnes environ)
Crème au beurre café (voir recette page 269)
Punch café
Ganache opéra (recette page 111)
Biscuit amande (recette page 262)
Glaçage opéra (recette page 272)
Appareil à pistolet chocolat noir (recette page 271)

Punch café

150 g d'eau de source
200 g de sirop de base (recette page 271)
15 g d'extrait de café
20 g de café en grains
5 g de café soluble

Procédé

Faire chauffer l'eau de source et le sirop de base. Ajouter les grains de café concassés, le café soluble et laisser infuser jusqu'à complet refroidissement. Puis ajouter l'extrait de café. Réserver.

Montage d'un cadre

Chablonner la première feuille de biscuit amandes avec l'appareil chocolat noir pour l'isoler de l'humidité.
Faire durcir au froid, retourner la feuille de biscuit amandes et la déposer dans le cadre. L'imbiber de 125 g de punch café.
Étaler 225 g de crème au beurre café.
Poser une deuxième feuille de biscuit puis l'imbiber de 125 g de punch café.
Verser et étaler 260 g de ganache opéra.
Poser la troisième feuille de biscuit, puis l'imbiber du sirop restant.
Étaler le reste de crème au beurre café, lisser à hauteur du cadre (garder 50 g pour la finition).
Réserver au réfrigérateur.

Finition et décor

Re-lisser le dessus de l'opéra avec le restant de crème au beurre puis retirer le cadre.
Glacer immédiatement avec le glaçage opéra.
Détailler à l'aide d'un couteau chaud des portions individuelles ou des grosses pièces.
Écrire au cornet « opéra » et décorer de feuilles d'or.

Composition for 1 frame 27/37 cm wide and 2 cm high (serving about 20 people)
Coffee butter cream (recipe page 269)
Coffee punch
Opera ganache (recipe page 111)
Almond sponge (recipe page 262)
Opera icing (recipe page 272)
Dark chocolate spray gun mix (recipe page 271)

Coffee punch

150 g spring water
200 g basic syrup (recipe page 271)
15 g coffee essence
20 g coffee beans
5 g instant coffee

Method

Heat the spring water and basic syrup. Add the crushed coffee beans, the instant coffee and leave to infuse until completely cooled. Then add the coffee essence. Set aside.

Assembling a frame

Stencil the first sheet of almond sponge using the dark chocolate spray gun mix so as to isolate it from moisture.
Leave in the refrigerator to harden, turn over the almond sponge and place in the frame. Soak it in 125 g of coffee punch.
Spread on 225 g of coffee butter cream. Put down a second sheet of sponge then soak in 125 g of coffee punch.
Pour on and spread on 260 g of opera ganache.
Put down the third sheet of sponge, then soak in the remaining syrup.
Spread on the rest of the coffee butter cream, smooth over to the top of the frame (keep 50 g for the finish).
Keep in the refrigerator.

Finish and decoration

Smooth over the top of the Opera again with the rest of the butter cream then remove the frame.
Frost immediately using opera frosting.
Cut into individual portions or large pieces using a hot knife.
With the help of a decorating cone, write on the word "opera" and decorate with gold leaves.

03. Succès praliné
Praline succes

Composition pour 3 entremets de 6/8 personnes
6 fonds de succès amande (recette page 264)
Crème au beurre praliné
Appareil chocolat noir (recette page 271)
Pralinettes
Décors

Crème au beurre praliné
1 kg de crème au beurre vanille (voir recette page 269)
75 g de pâte de noisette
75 g de praliné amande noisette

Procédé
Ramollir la crème au beurre vanille au four à micro-ondes jusqu'à consistance pommade. Fouetter énergiquement jusqu'à consistance d'une crème mousseuse. Incorporer la pâte de noisette et le praliné amande noisette.

Pralinettes
200 g d'amandes hachées
200 g de sucre semoule
50 g d'eau

Procédé
Cuire dans une casserole le sucre et l'eau à 117°C. Ajouter les amandes hachées.
Hors de feu, faire sabler avec une spatule. Puis caraméliser sur la source de chaleur jusqu'à coloration brun clair. Verser les amandes caramélisées sur une plaque puis refroidir.
Conserver dans un endroit sec.

Montage
Pulvériser les fonds de succès d'appareil chocolat noir.
Poser un premier fond de succès dans des cercles inox de 18 cm/6 cm.
Garnir de crème au beurre praliné à l'aide d'une poche à douille.
Poser délicatement un deuxième fond de succès sur la crème. Garnir de crème praliné jusqu'à hauteur du cercle. Réserver au réfrigérateur.
Retirer le cercle et masquer, à la palette, le pourtour des entremets avec la crème au beurre praliné puis saupoudrer de sucre glace. Ensuite, fixer les pralinettes sur le pourtour puis saupoudrer à nouveau de sucre glace.
Décorer l'entremets en déposant un décor en chocolat.

Composition for 3 desserts serving 6/8 people
6 almond succes bases (recipe page 264)
Praline butter cream
Dark chocolate mix (recipe page 271)
Pralinettes
Decorations

Praline butter cream
1 kg vanilla butter cream (see recipe page 269)
75 g hazelnut paste
75 g hazelnut almond praline

Method
Soften the vanilla butter cream in the microwave. Whisk briskly until it reaches the consistency of a foamy cream. Mix in the hazelnut paste and hazelnut almond praline.

Pralinettes
200 g chopped almonds
200 g granulated sugar
50 g water

Method
Cook the water and sugar in a pot at 117°C. Add the chopped almonds.
Away from the heat, coat well with sugar mixture using a spatula. Then caramelize on the heat until it reaches a light brown color. Pour the caramelized almonds onto a sheet then cool.
Keep in a dry place.

Assembly
Spray the succes bases with dark chocolate mix.
Put down an initial succes base in 18 cm/6 cm cake rings.
Fill with praline butter cream using a frosting bag with a nozzle
Delicately place a second succes base on top of the cream. Fill with praline cream to the top of the ring. Keep in the refrigerator.
Remove the ring and, using a palette knife, conceal the edges of the cake with praline butter cream, then sprinkle with confectioner's sugar. Next, stick the pralinettes around the edges and sprinkle with more confectioner's sugar.
Decorate the cake with chocolate decorations.

04. Claire Fontaine
Claire Fontaine

Composition pour 3 entremets de 6/8 personnes
Biscuit cuillère (recette page 260)
Crème pâtissière vanille (recette page 267)
Oranges pochées
Appareil chocolat noir (recette page 271)
Crème à l'orange
Punch orange
Glaçage neutre (recette page 271)
Décor

Oranges pochées (sirop utilisable plusieurs fois)

8	oranges
600 g	de sucre semoule
1 l	d'eau

Procédé
La veille, laver et couper l'extrémité des oranges.
À l'aide d'une machine à trancher réglée à 2 mm, détailler les oranges en fines tranches puis les déposer dans un plat.
Faire bouillir l'eau et le sucre puis verser sur les tranches d'oranges. Recouvrir d'un film alimentaire et laisser reposer 12 heures à température ambiante.
Réserver au frais.
Le lendemain, faire réchauffer jusqu'à frémissement les oranges dans leur sirop, puis laisser reposer de nouveau selon le même principe. Réserver au réfrigérateur.
Égoutter le reste (réserver une partie des oranges confites pour chemiser les cercles et l'autre pour la réalisation de la crème à l'orange).

Chips d'orange (décor)
Égoutter 6 tranches d'orange, les déposer sur une toile de cuisson Exopat® puis couvrir d'une feuille de papier cuisson et d'une grille.
Mettre à sécher au four à 85°C pendant 3 à 4 heures.
Décoller et réserver les tranches d'orange dans un endroit sec.

Crème à l'orange

150 g	d'oranges pochées
8 g	de gélatine en feuilles
600 g	de crème pâtissière
300 g	de crème fouettée

Procédé
Égoutter les oranges pochées, puis les hacher finement.
Verser la crème pâtissière dans le bol du robot et mixer pour la rendre plus lisse. Réserver dans un cul-de-poule.
Ramollir la gélatine dans l'eau froide, l'égoutter et la faire

Composition for 3 cakes serving 6/8 people
Lady fingers (recipe page 260)
Vanilla pastry cream (recipe page 267)
Poached oranges
Dark chocolate spray mix (recipe page 271)
Orange cream
Orange punch
Neutral frosting (recipe page 271)
Decoration

Poached oranges (reusable syrup)

8	oranges
600 g	granulated sugar
1 l	water

Method
The previous day, wash the oranges and cut off the ends.
Using a slicing machine set at 2 mm, cut the oranges into thin slices them place them on a dish.
Boil the water and sugar then pour onto the orange slices.
Cover with plastic food wrap and leave to rest for 12 hours at room temperature.
Keep in the refrigerator.
The next day, heat the oranges in their own syrup until simmering, then set aside as before. Keep in the refrigerator.
Drain the rest (keep some of the candied oranges to line the cake rings and the rest for making the orange cream).

Orange chips (decoration)
Drain 6 orange slices, place on an Exopat® baking mat, then cover with a sheet of baking paper and a grid.
Leave to dry in the oven at 85°C for 3 to 4 hours.
Unstick the orange slices and set aside in a dry place.

Orange cream

150 g	poached oranges
8 g	gelatin sheets
600 g	pastry cream
300 g	whipped cream

Method
Drain the poached oranges, then chop finely.
Place the pastry cream in the food processor bowl and mix until smoother. Place in a large, stainless steel bowl.
Soften the gelatin in the cold water, drain and melt, then add to the pastry cream.
Introduce the finely chopped oranges. Delicately mix into the whipped cream. Set aside.

LENÔTRE

fondre, puis l'ajouter à la crème pâtissière.
Introduire les oranges finement hachées. Incorporer délicatement la crème fouettée. Réserver.

Punch orange

130 g de sirop de base (recette page 271)
20 g d'eau de source
25 g de Grand Marnier®
20 g de jus d'orange

Procédé

Mélanger tous les ingrédients. Réserver.

Montage (à l'envers dans des cercles de diamètre 18, hauteur 4,5 cm)

Détailler les fonds de biscuits cuillère d'un diamètre légèrement inférieur (17 cm) à ceux des cercles.
Tapisser en rosace la base des cercles avec des tranches d'orange.
Garnir de crème pâtissière à l'orange. Prendre soin de ne pas faire bouger les cercles et les tranches d'orange.
Poser un premier fond de biscuit cuillère imbibé de punch orange.
Garnir de crème pâtissière à l'orange et terminer en posant le deuxième fond de biscuit légèrement imbibé côté intérieur (dessous).
Réserver au réfrigérateur.

Décor et finition

Retourner les entremets puis retirer les cercles.
Napper la totalité de l'entremets de glaçage neutre.
Décorer de chips d'orange et d'une gousse de vanille séchée.
Poser des plaquettes chocolat ou des demi-macarons sur les bords de l'entremets.
Réserver au frais.

Orange punch

130 g basic syrup (recipe page 271)
20 g spring water
25 g Grand Marnier®
20 g orange juice

Method

Mix all the ingredients together. Set aside.

Assembly (upside-down assembly in cake rings 18 cm in diameter, 4.5 cm high)

Cut out the lady finger bases to a diameter slightly smaller (17 cm) than that of the rings.
Line the bottom of the rings with orange slices arranged into rosette shapes.
Fill with orange pastry cream. Be careful not to move the rings and the orange slices.
Put down an initial base of lady fingers soaked in orange punch.
Fill with orange pastry cream and finish by putting down the second sponge base lightly soaked on the bottom.
Keep in the refrigerator.

Decoration and finish

Turn over the cakes then remove the rings.
Coat the whole cake with neutral frosting.
Decorate with orange chips and a dried vanilla pod.
Place chocolate shapes or half-macaroons around the edges of the cake.
Keep in the refrigerator.

05. Schuss aux fruits
Fruit schuss

Composition pour un cadre de 27/37/5 (20 personnes environ)
Biscuit à la cuillère (recette page 260)
Pâte sablée aux amandes (recette page 265)
Confiture de framboise (recette page 220)
Appareil chocolat noir (recette page 271)
Mousse fromage blanc
Crème Chantilly
Punch kirsch
Décor (pralinettes, recette page 31, assortiment de fruits rouges)
Glaçage neutre

Mousse fromage blanc

- 1 gousse de vanille
- 2 zestes de citron jaune
- 20 g de gélatine en feuilles
- 70 g d'eau
- 150 g de jaunes d'œufs
- 230 g de sucre semoule
- 650 g fromage blanc 40 % mg
- 650 g crème liquide 35 % mg

Procédé

Cuire l'eau et le sucre à 120°C. Verser sur les jaunes d'œufs et fouetter énergiquement jusqu'à complet refroidissement.
Faire ramollir la gélatine dans l'eau froide, l'égoutter et la faire fondre, puis l'incorporer au mélange. Ajouter le zeste des citrons et le fromage blanc. Mélanger l'ensemble au fouet, puis ajouter la crème fouettée. Réserver.

Crème Chantilly

- 500 g de crème liquide 35 % mg
- 60 g de sucre glace
- 5 g de sucre vanillé

Procédé

Monter la crème au fouet avec la moitié du sucre et le sucre vanillé. Lorsque la crème est bien ferme, ajouter le reste du sucre. Réserver au frais.

Punch kirsch

- 180 g de sirop de base (recette page 271)
- 50 g d'eau de source
- 50 g de kirsch

Procédé

Mélanger tous les ingrédients ensemble. Réserver au frais.

Composition for a 27/37/5 frame (around 20 people)
Lady finger (recipe page 260)
Almond sable dough (recipe page 265)
Raspberry jelly (recipe page 220)
Dark chocolate mix (recipe page 271)
Fromage blanc mousse
Chantilly cream
Punch kirsch
Decoration (pralinettes, recipe page 31, red fruit assortment)
Neutral frosting

Fromage blanc mousse

- 1 vanilla pod
- 2 lemon rinds
- 20 g gelatin sheets
- 70 g water
- 150 g egg yolks
- 230 g granulated sugar
- 650 g 40% fat fromage blanc
- 650 g 35% fat liquid cream

Method

Cook the water and sugar at 120°C. Pour onto the egg yolks and whisk briskly until completely cooled.
Soften the gelatin in the cold water, drain and melt, then incorporate into the mix. Add the lemon rind and the fromage blanc. Whisk together, then add the whipped cream. Set aside.

Chantilly cream

- 500 g 35% fat liquid cream
- 60 g confectioner's sugar
- 5 g vanilla sugar

Method

Whisk the cream with half of the granulated sugar plus the vanilla sugar. Once the cream is firm, add the rest of the sugar. Keep in the refrigerator.

Kirsch punch

- 180 g basic syrup (recipe page 271)
- 50 g spring water
- 50 g kirsch

Method

Mix all the ingredients together. Place in the refrigerator.

Assembly

Roll out some almond sable dough to 3 mm thick. Cut out a

06. Plaisir
Plaisir

Composition pour 1 cadre de 27/37/5 cm de hauteur (20 personnes environ)
Biscuit aux amandes (recette page 262)
Mousse chocolat noir
Mousse blanche
Appareil à pistolet chocolat noir
Glaçage neutre (recette page 271)
Décor

Mousse chocolat noir
45 g de pâte de cacao Grand Caraque 100 %
250 g de chocolat de couverture noir Concorde 66 %
125 g de lait entier
100 g de sirop de base (recette page 271)
720 g de crème fouettée 35 % mg

Procédé
Hacher la pâte de cacao et le chocolat. Faire bouillir le lait et le sirop et le verser sur le chocolat haché. Remuer à l'aide d'un fouet, et refroidir à 30°C. Incorporer la crème fouettée. Réserver.

Appareil à bombe
130 g de sucre semoule
140 g de jaunes d'œufs
50 g d'eau

Procédé
Faire cuire à 118°C l'eau et le sucre.
Verser les jaunes d'œufs dans le bol d'un batteur mélangeur et commencer à fouetter. Ajouter le sucre cuit et continuer de fouetter jusqu'à obtention d'une texture mousseuse et ferme. Réserver.

Mousse blanche
240 g d'appareil à bombe
2 gousses de vanille
14 g de gélatine en feuilles
450 g de crème fouettée 35 % mg

Procédé
Couper les gousses de vanille en deux dans le sens de la longueur et gratter l'intérieur afin de récupérer la pulpe. Incorporer les graines à l'appareil à bombe.
Ramollir la gélatine dans l'eau froide, égoutter et la faire fondre, puis l'ajouter au mélange.
Battre énergiquement puis incorporer la crème liquide fouettée.

Composition for 1 frame 27/37/5 cm high (around 20 people)
Almond sponge (recipe page 262)
Dark chocolate mousse
White mousse
Dark chocolate spray mix
Neutral frosting (recipe page 271)
Decoration

Dark chocolate mousse
45 g 100% Grand Caraque cocoa paste
250 g 66% Concorde dark chocolate couverture
125 g full-fat milk
100 g basic syrup (recipe page 271)
720 g 35% fat whipped cream

Method
Chop up the cocoa paste and chocolate. Boil the milk and syrup and pour onto the chopped chocolate. Stir with a whisk, and cool to 30°C. Mix in the whipped cream. Set aside.

Bombe mix
130 g granulated sugar
140 g egg yolks
50 g water

Method
Cook the water and sugar at 118°C.
Pour the egg yolks into the bowl of a mixer and start to whisk. Add the cooked sugar and continue to whisk until you obtain a firm, foamy texture. Set aside.

White mousse
240 g bombe mix
2 vanilla pods
14 g gelatin sheets
450 g 35% fat whipped cream

Method
Cut the vanilla pods in two lengthways and scrape the inside to get the pulp out. Mix the pods into the bombe mix.
Soften the gelatin in the cold water, drain and melt, then add to the mixture.
Whisk briskly, then mix in the whipped liquid cream.

Assembling a frame
Cut the almond sponge sheets to the size of the stackable frames.

Montage d'un cadre

Détailler les feuilles de biscuit aux amandes à la taille des cadres superposables.
À la palette, chablonner de l'appareil chocolat noir sur une feuille de biscuit aux amandes et la déposer dans le cadre, côté chocolat (dessous), sur la plaque.
Garnir de mousse au chocolat noir à mi-hauteur du cadre.
Laisser prendre au réfrigérateur 10 min.
Garnir de mousse blanche puis lisser. Poser la seconde feuille de biscuit amandes. Réserver au réfrigérateur.
Étaler finement l'appareil à bombe restant sur le biscuit amandes.
Passer au surgélateur 10 min.

Décor et finition

Retirer le cadre. Saupoudrer de sucre glace, puis caraméliser au fer. Renouveler l'opération.

Nb : la caramélisation doit être légère.
Recouvrir de glaçage neutre toute la surface caramélisée, puis détailler en portions individuelles ou en grosses pièces.
Poser, sur chaque entremets, un décor en chocolat. Réserver au frais.

Using a palette knife, stencil dark chocolate mix onto a sheet of almond sponge and place in the frame, chocolate side down, on the sheet.
Fill with dark chocolate mousse to half-way up the frame.
Leave to set in the refrigerator for 10 min. Fill with white mousse then smooth over the top.
Put down the second sheet of almond sponge. Keep in the refrigerator.
Spread the remaining bombe mix in a thin layer onto the almond sponge.
Place in the freezer for 10 min.

Decoration and finish

Remove the frame. Sprinkle with confectioner's sugar, then caramelize using a caramelizing iron. Repeat the operation.

Nb: the caramelization should be light.
Frost the entire caramelized surface with neutral frosting, then cut into individual portions or large pieces.
Place a chocolate decoration on each cake. Keep in the refrigerator.

07. Dacquoise aux noix et noisettes Walnut and hazelnut dacquoise

Composition pour 3 entremets de 6/8 personnes
Dacquoise aux noix et noisettes (recette de base page 263)
Crème pâtissière vanille (recette de base page 267)
Crème aux noix
Décor

Appareil noix
75 g de cerneaux de noix
75 g d'amandes blanches
280 g de sucre glace

Procédé
Au cutter, mixer les cerneaux de noix avec les amandes blanches. Ajouter le sucre glace. Mixer jusqu'à obtention d'une poudre pas trop fine. Réserver.

Crème aux noix
350 g de beurre pommade
430 g d'appareil noix
500 g de crème pâtissière
30 g de kirsch

Procédé de la crème aux noix
Mélanger énergiquement au fouet la crème pâtissière pour la rendre lisse.
Ajouter le beurre en pommade, l'appareil aux noix et le kirsch. Réserver.

Noix sablées
100 g de sirop de base (recette page 271)
100 g de cerneaux de noix

Procédé
Faire cuire le sirop à 118°C.
Plonger les cerneaux de noix hors du feu. Avec une spatule en bois, les enrober de sucre cuit jusqu'à ce qu'ils cristallisent. Réserver.

Montage
À l'aide d'une poche à douille unie n° 12, déposer la crème aux noix sur un fond de dacquoise de 20 cm en formant des boules côte à côte. Passer au réfrigérateur 10 min.
Garnir le centre de la même façon.
Poser le deuxième fond de dacquoise. Saupoudrer de sucre glace. Décorer de noix sablées. Réserver au réfrigérateur.

Composition for 3 cakes serving 6/8 people
Walnut and hazelnut dacquoise (basic recipe page 263)
Vanilla pastry cream (basic recipe page 267)
Walnut cream
Decoration

Walnut mix
75 g walnut halves
75 g white almonds
280 g confectioner's sugar

Method
Using the cutting blade of a food processor, mix the walnut halves with the white almonds. Add the confectioner's sugar. Mix until you obtain a powder that is not too fine. Set aside.

Walnut cream
350 g softened butter
430 g walnut mix
500 g pastry cream
30 g kirsch

Method for the walnut cream
Whisk the pastry cream briskly to make it smooth.
Add the softened butter, walnut mix and kirsch. Set aside.

Sugar-coated walnuts
100 g basic syrup (recipe page 271)
100 g walnut halves

Method
Cook the syrup at 118°C. Away from the heat, plunge in the walnut halves. Using a wooden spatula, coat them in cooked sugar until they crystallize. Set aside.

Assembly
Using a frosting bag with a plain no. 12 nozzle, put the walnut cream on a 20-cm base of dacquoise, forming balls side by side. Place in the refrigerator for 10 min.
Fill the center in the same way.
Put down the second dacquoise base. Sprinkle with confectioner's sugar. Decorate with sugar-coated walnuts. Keep in the refrigerator.

08. Fraisier
Fraisier

Composition pour 3 entremets de 6/8 personnes
Génoise pistache
Génoise framboise
Crème fraisier
Coulis gélifié fraises des bois
Fraises mara des bois fraîches
Pâte d'amande décor rose
Appareil chocolat blanc (recette page 271)
Glaçage neutre
Décor

Génoise pistache

200 g	d'œufs entiers
125 g	de sucre semoule
125 g	de farine
25 g	de beurre
25 g	de pâte de pistache
6 gtes	de colorant jaune
2 gtes	de colorant noir

Procédé
Faire fondre le beurre à 30°C et tamiser la farine. Faire chauffer les œufs avec le sucre et la pâte de pistache à 50°C au bain-marie, tout en fouettant. Ajouter les colorants. Procéder ensuite comme pour la génoise nature (recette page 264).

Génoise framboise

200 g	d'œufs entiers
125 g	de sucre semoule
125 g	de farine
25 g	de beurre
20 g	de confiture framboise pépins
10 gtes	de colorant rouge

Procédé
Faire chauffer à 50°C au bain marie, tout en fouettant, les œufs, le sucre, la confiture. Ajouter le colorant.
Procéder ensuite comme pour la génoise nature (recette page 264).

Crème fraisier

800 g	de crème pâtissière vanille (recette page 267)
350 g	de crème au beurre vanille (recette page 268)
2	gousses de vanille

Procédé
Fendre et gratter les gousses de vanille dans le sens de la

Composition for 3 cakes serving 6/8 people
Pistachio sponge cake
Raspberry sponge cake
Strawberry cream
Wild strawberry gelled coulis
Fresh mara des bois strawberries
Pink decorated almond paste
White chocolate mix (recipe page 271)
Neutral frosting
Decoration

Pistachio genoise sponge

200g	whole eggs
125 g	granulated sugar
125 g	flour
25 g	butter
25 g	pistachio paste
6 drops	yellow coloring
2 drops	black coloring

Method
Melt the butter at 30°C and sift the flour. Heat the eggs with the sugar and the pistachio paste at 50°C in a bain-marie, whisking all the time. Add the colorings. Then continue as you would with a plain genoise sponge (recipe page 264).

Raspberry genoise sponge

200g	whole eggs
125 g	granulated sugar
125 g	flour
25 g	butter
20 g	raspberry seed jam
10 drops	red coloring

Method
Heat the eggs, sugar and jam to 50°C, whisking all the time. Add the coloring. Then continue as you would with a plain genoise sponge (recipe page 264).

Strawberry cream

800 g	vanilla pastry cream (recipe page 267)
350 g	vanilla butter cream (recipe page 268)
2	vanilla pods

Method
Split and scrape the vanilla pods lengthways then mix the pulp into the pre-whisked pastry cream.
Soften the butter cream in the microwave and whisk briskly.

ECOLE LENOTRE

ECOLE
LENÔTRE

ECOLE
LENÔTRE

Noisettes caramalisées

400 g de noisettes
100 g de sucre semoule
40 g d'eau
20 g de beurre

Procédé

Cuire dans une casserole le sucre et l'eau à 117°C. Ajouter les noisettes.
Hors de feu, faire sabler avec une spatule. Puis caraméliser sur la source de chaleur jusqu'à coloration brun clair. Ajouter et mélanger le beurre. Verser les noisettes caramélisées sur une plaque puis refroidir.
Conserver dans un endroit sec.

Procédé

Mélanger tous les ingrédients. Réserver.

Montage d'un topaze

Fixer une bande de rhodoïd de 18 cm de diamètre et de 4,5 cm de hauteur contre les parois intérieures des cercles.
Détailler en bandes de 3,5 cm de hauteur le biscuit imprimé (décor au pinceau) puis chemiser l'intérieur du cercle.
Détailler les fonds de biscuit au chocolat noisette à 17 cm de diamètre et 1 cm de hauteur.
Poser un premier fond à la base des cercles et l'imbiber de punch vanille. Garnir de crème au chocolat jusqu'à mi-hauteur. Parsemer de noisettes caramélisées concassées. Poser un second fond de biscuit et l'imbiber. Garnir de mousse au praliné, lisser à hauteur du cercle.
Réserver au réfrigérateur.
Lisser de nouveau avec le restant de crème praliné. Réserver au réfrigérateur.

Décor et finition

Décercler les entremets. Recouvrir de glaçage chocolat miroir. Remettre au réfrigérateur quelques minutes puis retirer le rhodoïd. Décorer avec des noisettes caramélisées et poser un décor fin en chocolat. Réserver au frais.

Caramelized hazelnuts

400 g hazelnuts
100 g granulated sugar
40 g water
20 g butter

Method

Cook the water and sugar at 117°C in a saucepan. Add the hazelnuts.
Remove from the heat and coat the hazelnuts with the sugar mixture using a spatula. Then caramelize on the heat source until it turns a light brown color. Add and mix in the butter. Pour the caramelized hazelnuts onto a sheet then cool.
Keep in a dry place.

Method

Mix all the ingredients together. Set aside.

Assembling a topaze

Stick a strip of rhodoid to the inner walls of cake rings 18 cm in diameter and 4.5 cm high.
Cut the printed sponge (decorate with a brush) into strips 35 cm high then line the inside of the cake ring.
Cut the hazelnut chocolate sponge bases to 17 cm in diameter and 1 cm high.
Place an initial base in the bottom of the rings and soak in vanilla punch. Fill to half-way up with chocolate cream. Sprinkle with crushed caramelized hazelnuts. Put in a second sponge base and soak it. Fill with praline mousse, smooth to the top of the ring.
Keep in the refrigerator.
Smooth over again with the rest of the praline cream. Keep in the refrigerator.

Decoration and finish

Remove the cakes from the rings. Cover with chocolate mirror frosting. Put back in the refrigerator for a few minutes then remove the rhodoid. Decorate with caramelized hazelnuts and add some fine chocolate decoration. Keep in the refrigerator.

10. Mascotte
Mascotte

Composition pour 3 entremets de 6/8 personnes
Crème au beurre praliné noisette
Crème au beurre vanille (voir recette page 268)
Génoise blanche (voir recette page 264)
Meringue française (voir recette page 270)
Amandes glacées
Punch kirsch
Sucre glace
Décor

Crème au beurre praliné noisette

1 kg	de crème au beurre vanille
100 g	de praliné amande noisette
100 g	de pâte noisette

Procédé
Au fouet rendre lisse la crème au beurre vanille, puis monter à 22°C. Incorporer la pâte de noisettes et le praliné.
Réserver.

Amandes glacées au four

150 g	de sirop de base (recette page 271)
5 g	d'eau de fleur d'oranger
500 g	d'amandes

Procédé
Mélanger le sirop avec l'eau de fleur d'oranger.
Ajouter les amandes et mélanger le tout. Étaler sur une plaque à pâtisserie, puis enfourner à 165°C jusqu'à coloration claire. Remuer à la spatule durant la cuisson. Faire refroidir sur plaque, puis conserver dans un endroit sec.

Punch kirsch

150 g	de sirop de base (recette page 271)
50 g	d'eau de souce
50 g	de kirsch

Procédé
Mélanger tous les ingrédients ensemble. Réserver.

Montage d'une mascotte
Fixer une bande de rhodoïd de 18 cm par 4 cm de hauteur contre les parois des cercles.
Chablonner les fonds de meringue sur les deux faces avec l'appareil chocolat noir.
Masquer les cercles de crème au beurre praliné, poser un fond de meringue.
Garnir de crème au beurre à mi-hauteur.

Composition for 3 cakes serving 6/8 people
Hazelnut praline butter cream
Vanilla butter cream (see recipe page 268)
Plain genoise sponge (see recipe page 264)
French meringue (see recipe page 270)
Glazed almonds
Kirsch punch
Confectioner's sugar
Decoration

Hazelnut praline butter cream

1 kg	vanilla butter cream
100 g	hazelnut almond praline
100 g	hazelnut paste

Method
Whisk the vanilla butter cream until smooth, then warm to 22°C. Mix in the hazelnut paste and the praline.
Set aside.

Almonds glazed in the oven

150 g	basic syrup (recipe page 271)
5 g	orange flower water
500 g	almonds

Method
Mix the syrup with the orange flower water.
Add the almonds and mix. Spread onto a pastry sheet, then place in the oven at 165°C and cook to a light color. Stir with a spatula while cooking. Leave to cool on the sheet, then keep in a dry place.

Kirsch punch

150 g	basic syrup (recipe page 271)
50 g	spring water
50 g	kirsch

Method
Mix all the ingredients together. Set aside.

Assembling a mascotte
Attach a strip of rhodoid 18 cm by 4 cm high to the sides of the rings.
Stencil the meringue bases on both sides with the dark chocolate mix.
Conceal the rings with praline butter and put down a meringue base.
Fill half-way up with butter cream.

Poser un fond de génoise, l'imbiber, puis garnir de crème au beurre et lisser à hauteur du cercle. Réserver au réfrigérateur. Relisser de crème au beurre praliné, plus souple, pour obtenir un entremets bien plat.

Décor et finition

Décercler, retirer le rhodoïd puis réchauffer légèrement au pistolet thermique toute la surface de l'entremets pour coller les amandes glacées.
Saupoudrer de sucre glace, puis poser au centre de l'entremets un décor fin chocolat. Réserver au frais.

Put down a genoise sponge base, soak it, then fill with butter cream and smooth to the top of the ring. Keep in the refrigerator.
Smooth over with praline butter cream again, this time softer, so that the top of the cake is good and flat.

Decoration and finish

Remove from the ring, take away the rhodoid then re-heat the entire surface of the cake slightly with a heat gun to stick on the glazed almonds.
Sprinkle with confectioner's sugar, then arrange a fine chocolate decoration in the center of the cake. Keep in the refrigerator.

11. Moka aux fines feuilles de chocolat
Mocha cake with fine chocolate leaves

Composition pour 3 entremets de 6/8 personnes
Génoise café
Amandes hachées glacées
Noisettes caramélisées (recette page 49)
Crème au beurre café (recette page 269)
Disque fin de chocolat
Punch rhum, café
Pralinettes (recette page 31)
Décor

Génoise café
200 g de farine
200 g de sucre semoule
320 g d'œufs entiers
10 g de beurre
5 g de café soluble

Procédé
Faire fondre le beurre à 30°C et tamiser la farine.
Faire chauffer à 50°C au bain-marie, tout en fouettant, les œufs avec le sucre et le café soluble. Au batteur, monter le mélange jusqu'à complet refroidissement pour obtenir une texture lisse et homogène. Prélever 1/3 de cette préparation y incorporer le beurre, mélanger délicatement puis rajouter le reste. Garnir aux 3/4 des moules à génoise de 18 cm de diamètre préalablement beurrés et farinés. Faire cuire à 170°C pendant environ 20 min. Dès la sortie laisser refroidir sur grille. Filmer et surgeler.

Amandes hachées glacées
125 g d'amandes hachées
35 g de sirop de base (recette page 271)

Procédé
Mélanger ensemble les amandes et le sirop. Mettre sur plaque et faire griller au four à 170°C. Réserver dans un endroit sec.

Punch rhum café
195 g de sirop de base (recette page 271)
90 g d'eau de source
24 g de café soluble
10 g de rhum brun

Composition for 3 cakes serving 6/8 people
Coffee genoise sponge
Iced chopped almonds
Caramelized hazelnut (recipe page 49)
Coffee butter cream (recipe page 269)
Fine chocolate disc
Rum, coffee punch
Pralinettes (recette page 31)
Decoration

Coffee genoise sponge
200 g flour
200 g granulated sugar
320 g whole eggs
10 g butter
5 g instant coffee

Method
Melt the butter at 30°C and sift the flour. Heat the eggs with the sugar and the instant coffee at 50°C in a bain-marie, whisking all the time. In the mixer, whisk until completely cooled to produce a smooth, even texture. Remove 1/3 of this preparation, fold in the butter, then delicately mix in the rest. Fill pre-greased and floured genoise molds 18 cm in diameter to 3/4 of the way up. Bake at 170°C for around 20 minutes. Once out of the oven leave to cool on a rack. Wrap and freeze.

Chopped glazed almonds
125 g chopped almonds
35 g basic syrup (recipe page 271)

Method
Mix the almonds and syrup together. Place on a sheet and toast in the oven at 170°C. Keep in a dry place.

Rum coffee punch
195 g basic syrup (recipe page 271)
90 g spring water
24 g instant coffee
10 g dark rum

13. Charlotte Cécile
Charlotte Cécile

Composition pour 3 entremets de 6/8 personnes environ
Biscuit à la cuillère (recette page 260)
Bavaroise vanille
Mousse au chocolat noir
Punch vanille
Glaçage chocolat (recette page 272)
Copeaux chocolat

Biscuit cuillère
À la poche à douille n° 15, réaliser des bandes de biscuits à la cuillère de 7 cm de largeur, légèrement soudés les uns aux autres. Saupoudrer de sucre glace en deux fois. Enfourner à 185°C, puis redescendre en température à 165°C. Cuire pendant 18 min. Dès la sortie du four, refroidir sur grille. Réserver.

Punch vanille
220 g de sirop de base (recette page 271)
110 g d'eau de source
1 gousse de vanille

Procédé
Faire chauffer le sirop de base avec la gousse de vanille fendue, laisser infuser à couvert jusqu'à complet refroidissement, puis ajouter l'eau. Réserver.

Bavaroise vanille
350 g de lait
120 g de sucre semoule
1 gousse de vanille
130 g de jaunes d'œufs
6 g de gélatine en feuilles
350 g de crème fouettée 35 % mg

Procédé
Faire chauffer le lait, la moitié du sucre et la gousse de vanille fendue. Laisser infuser.
Mélanger les jaunes d'œufs avec le restant du sucre.
Verser le lait tiède sur le mélange jaunes/sucre, reverser dans la casserole, puis cuire cette crème jusqu'à 85°C. Passer au chinois étamine. Ramollir la gélatine dans l'eau froide, l'égoutter, la faire fondre puis l'incorporer dans la crème. Refroidir à 25°C et ajouter délicatement la crème fouettée au fouet. Réserver.

Mousse au chocolat
230 g de chocolat de couverture noir Concorde 66 %

Composition for 3 cakes serving around 6/8 people
Lady fingers (recipe page 260)
Vanilla bavaroise
Dark chocolate mousse
Vanilla punch
Chocolate frosting (recipe page 272)
Chocolate shavings

Lady finger
Using a frosting bag with a no. 15 nozzle, pipe out lady finger strips 7 cm wide, just slightly joining. Sprinkle with confectioner's sugar twice. Place in the oven at 185°C, then bring the temperature down to 165°C. Bake for 18 min. Once out of the oven, cool on a rack. Set aside.

Vanilla punch
220 g basic syrup (recipe page 271)
110 g spring water
1 vanilla pod

Method
Heat the basic syrup with the split vanilla pod, leave to infuse in a covered pot until completely cooled, then add water. Set aside.

Vanilla bavaroise
350 g milk
120 g granulated sugar
1 vanilla pod
130 g egg yolks
6 g gelatin sheets
350 g 35% fat whipped cream

Method
Heat the milk, half the sugar and the split vanilla pod. Leave to infuse.
Mix the egg yolks with the rest of the sugar. Pour the lukewarm milk onto the yolks/sugar mixture, pour back into the pot, then cook this cream at 85°C. Strain through a muslin cloth. Soften the gelatin in cold water, drain, melt, then fold into the cream. Cool to 25°C and delicately whisk in the whipped cream. Set aside.

Chocolate mousse
230 g 66% dark Concorde chocolate couverture
140 g 50% Force Noire ganache chocolate
80 g egg yolks
400 g egg whites

ECOLE
LENÔTRE

140 g de chocolat ganache Force Noire 50 %
80 g de jaunes d'œufs
400 g de blancs d'œufs
100 g de sucre semoule
1 g de crème de tartre

Procédé
Mettre à fondre à 45°C les chocolats.
Monter les blancs d'œufs avec la crème de tartre et 10 g de sucre. Lorsque les blancs sont bien fermes, ajouter le restant de sucre. Au fouet, incorporer les jaunes d'œufs aux chocolats fondus en prenant soin de ne pas faire durcir la préparation puis, assez rapidement, introduire les blancs montés. Réserver.

Copeaux de chocolat
200 g de chocolat de couverture noir Ultime 70 % tempérée

Procédé
Étaler la couverture sur une plaque, laisser durcir légèrement puis, avec un emporte-pièce, racler le chocolat pour former de gros copeaux.

Montage de la charlotte Cécile
Couper régulièrement une bande de biscuit à la cuillère de 7 cm de large. Chemiser les parois du cercle avec cette bande. Bien souder les deux extrémités.
Détailler deux fonds de biscuit cuillère de 1 cm d'épaisseur et en poser un à la base du cercle. L'imbiber de punch vanille. Garnir à mi-hauteur avec la mousse de chocolat.
Poser le second fond de biscuit cuillère et l'imbiber de punch vanille. Garnir de bavaroise vanille à hauteur des biscuits. Réserver au réfrigérateur.

Finition
Décercler, saupoudrer le biscuit de sucre glace et retirer l'excédent.
Verser du glaçage chocolat au centre de la charlotte puis décorer avec des copeaux de chocolat. Réserver au frais.

100 g granulated sugar
1 g cream of tartar

Method
Melt the chocolates at 45°C.
Whisk the egg whites with the cream of tartar and 10 g of sugar. When the whites are nice and firm, incorporate the rest of the sugar. Whisk the egg yolks into the melted chocolates, being careful not to harden the preparation, then mix in the whisked whites fairly quickly. Set aside.

Chocolate shavings
200 g tempered 70% Ultime dark chocolate couverture

Method
Spread the couverture onto a sheet, leave to harden slightly then, using a cutter, scrape the chocolate into shavings.

Assembling the charlotte Cécile
Cut an even strip of lady finger 7 cm wide. Line the sides of the ring with this strip. Join the two ends together.
Cut out two lady finger bases 1 cm thick and place one at the bottom of the ring. Soak it in vanilla punch. Fill half-way up with chocolate mousse.
Put down the second lady finger base and soak it in vanilla punch. Fill with vanilla bavaroise to the level of the lady fingers. Keep in the refrigerator.

Finish
Remove from the ring, sprinkle the sponge with confectioner's sugar and remove any excess.
Pour chocolate frosting into the center of the charlotte then decorate with chocolate shavings. Keep in the refrigerator.

14. Saint-honoré
Saint-honore

Composition pour 3 entremets de 6/8 personnes
Pâte feuilletée inversée (recette page 266)
Pâte à choux (recette page 266)
Crème Chantilly (recette page 36)
Crème pâtissière vanille (recette page 267)
Sucre caramel rouge
Framboises fraîches

Procédé
Sur une plaque à pâtisserie, poser une abaisse de pâte feuilletée de 22 cm de diamètre, la piquer puis la mettre au frais 1 heure afin d'éviter sa rétraction durant la cuisson.
À l'aide d'une poche à douille n° 12, réaliser une couronne de pâte à choux à un demi-centimètre de la bordure, puis garnir en escargot jusqu'au centre de l'abaisse. Enfourner à 190°C les 5 premières minutes puis baisser à 170°C et cuire pendant 30 min. Dès la sortie du four, laisser refroidir sur grille.
Sur toile Exopat® à l'aide d'une poche à douille n° 10, réaliser des petits choux et les saupoudrer de sucre glace. Enfourner dans un four à sole à 190°C pendant 10 min puis redescendre à 170°C et cuire pendant 20 min. Dès la sortie du four, laisser refroidir sur grille.

Crème pâtissière parfumée à l'alcool de framboise
500 g de crème pâtissière
25 g d'alcool de framboise

Procédé
Fouetter énergiquement la crème pâtissière puis ajouter l'alcool. Réserver. Garnir les choux. Réserver.

Sucre caramel rouge
500 g de sucre de canne
200 g d'eau de source
70 g de sirop de glucose
10 g^tes de colorant à sucre rouge
2 g^tes d'acide tartrique

Procédé
Faire chauffer l'eau, le sucre et le sirop de glucose à 170°C. En fin de cuisson, ajouter le colorant et l'acide tartrique.

Décor et finition du saint-honoré
Avec une poche à douille n° 7, garnir les choux de crème pâtissière parfumée à l'alcool de framboise.
Tremper les choux dans le caramel rouge, et les retourner sur une toile Exopat® pour obtenir une surface plane. Les retourner et tremper de nouveau dans le caramel, puis les

Composition for 3 cakes serving 6/8 people
Upside-down puff pastry (recipe page 266)
Pate a choux dough (recipe page 266)
Chantilly cream (recipe page 36)
Vanilla pastry cream (recipe page 267)
Red caramel sugar
Fresh raspberries

Method
On a pastry sheet, place a rolled-out layer of puff pastry 22 cm in diameter, prick with a fork then place in the refrigerator for 1 hour to prevent it from shrinking while cooking.
Using a frosting bag with a no. 12 nozzle, make a crown of pate a choux half a centimeter from the edge, then pipe a "snail-shell" into the center of the pastry. Bake at 190°C for the first 5 minutes then lower to 170°C and cook for 30 min. Once out of the oven, leave to cool on a rack.
On an Exopat® mat and using a frosting bag with a no. 10 nozzle, create little choux shapes and sprinkle with confectioner's sugar. Place in a deck oven at 190°C for 10 min then lower to 170°C and cook for 20 min. Once out of the oven, leave to cool on a rack.

Pastry cream flavored with raspberry alcohol
500 g pastry cream
25 g raspberry alcohol

Method
Whisk the pastry cream briskly then add the alcohol. Set aside. Fill the choux. Set aside.

Red caramel sugar
500 g cane sugar
200 g spring water
70 g glucose syrup
10 drops sugar red coloring
2 drops tartric acid

Method
Heat the water, sugar and glucose syrup at 170°C. Once cooked, add the coloring and the tartric acid.

Decoration and finish of the saint-honore
Using a frosting bag with a no. 7 nozzle, fill the choux with pastry cream flavored with raspberry alcohol.
Soak the choux in the red caramel, and turn them upside-down on an Exopat® mat to create a flat surface. Turn them back over and soak in the caramel again, then arrange around the

Procédé pour imbiber les savarins

Faire tiédir le sirop à 50°C et le verser dans un candissoire.
Y poser les savarins, filmer l'ensemble et laisser à température ambiante durant 4 h.
Retourner les savarins et les laisser dans le sirop encore toute une nuit.
Le lendemain, les mettre à égoutter quelques minutes sur grille et les déposer dans une coupelle plastique, dans leur sirop d'imbibage.
Faire chauffer le nappage abricot et en recouvrir les savarins au pinceau. Garnir le centre de crème pâtissière et de fruits frais.
Réserver au frais.

Method for soaking the savarins

Warm the syrup to 50°C, and pour into a candying tray.
Place the savarins on it, cover the whole thing in food wrap, then leave at room temperature for 4 hours.
Turn the savarins over and leave for one more night.
The next day, allow to drain for a few minutes on the grid then place in a plastic bowl so that they sit in their soaking syrup.
Warm the apricot glaze and coat the savarin using a brush.
Fill the center with pastry cream and fresh fruit.
Keep in the refrigerator.

17. Éclair au café
Coffee eclair

Composition pour 30 éclairs environ
Pâte à choux (recette page 267)
Crème pâtissière au café
Fondant café

Dressage de la pâte à choux
Avec une poche à douille n° 12, dresser en biais sur toile Exopat® des éclairs de 12 cm de long. Alterner des rangées de 9 puis 8 éclairs par ligne. Saupoudrez de sucre glace et enfourner à 180°C pendant 30 à 35 min.
Dès la sortie du four, retirer les éclairs de la toile Exopat® et les faire refroidir sur grille.

Crème pâtissière au café

1 l	de lait
1	gousse de vanille
125 g	de sucre semoule
240 g	de jaunes d'œufs
125 g	de sucre de semoule
80 g	de poudre à flan
25 g	de café soluble
5 g	de grains de café

Procédé
Faire bouillir le lait, avec la gousse de vanille fendue et 125 g de sucre. Ajouter le café soluble et les grains de café concassés. Laisser infuser à couvert 10 min.
Mélanger au fouet le sucre restant avec les jaunes d'œufs. Incorporer la poudre à flan. Verser progressivement le lait chaud et mélanger énergiquement. Passer au chinois et transvaser dans la casserole. Porter jusqu'à ébullition tout en fouettant et cuire 1 min après ébullition. Verser la crème pâtissière au café sur une plaque filmée. Couvrir immédiatement la crème d'un film alimentaire. Placer dans la cellule de refroidissement à 2°C. Réserver.

Fondant café

500 g	de fondant blanc
125 g	de sirop de base (recette page 271)
25 g	d'extrait de café

Procédé
Ramollir le fondant blanc au four à micro-ondes. Détendre avec le sirop de base et l'extrait de café, et mélanger à la spatule.

Composition for around 30 eclairs
Pate a choux dough (recipe page 267)
Coffee pastry cream
Coffee fondant

Piping the pate a choux dough
Using a frosting bag with a plain no. 12 nozzle, pipe out slanting eclair shapes 12 cm long on an Exopat® mat. Alternate rows of 9 then 8 eclairs per line. Sprinkle with confectioner's sugar and place in the oven at 180°C for 30 to 35 min.
Once out of the oven, remove the eclairs from the Exopat® mat and cool them on a rack.

Coffee pastry cream

1 l	milk
1	vanilla pod
125 g	granulated sugar
240 g	egg yolks
125 g	granulated sugar
80 g	flan powder
25 g	instant coffee
5 g	coffee beans

Method
Boil the milk with the split vanilla pod and 125 g sugar. Add the instant coffee and the crushed coffee beans. Leave to infuse in a covered pot for 10 min.
Whisk the remaining sugar with the egg yolks.
Mix in the flan powder. Gradually pour on the hot milk and mix briskly. Strain through a chinois and decant into the pot. Bring everything to the boil whisking constantly and cook for 1 min. once boiling. Pour the coffee pastry cream onto a sheet covered in food wrap. Immediately cover the cream with more wrap. Place in a blast chiller at 2°C. Set aside.

Coffee fondant

500 g	white fondant
125 g	basic syrup (recipe page 271)
25 g	coffee extract

Method
Soften the white fondant in the microwave. Dilute by adding the basic syrup and coffee extract, and mix with a spatula.

Éclairs chocolat à gauche, éclairs au café à droite
Chocolate eclairs left, coffee eclairs right >

19. Millefeuille vanille
Vanilla millefeuille

Composition pour 3 millefeuilles de 6/8 personnes
Pâte feuilletée inversée (recette page 266)
Crème légère vanille
Sucre glace
Décor

Préparation de la pâte feuilletée avant la cuisson
Au laminoir, étaler un morceau de pâte feuilletée en une abaisse de 2 mm. Piquer cette abaisse à l'aide d'un rouleau pique-vite et la poser entre deux feuilles de papier cuisson et deux plaques à pâtisserie. Enfourner à 165°C et cuire pendant 25 et 30 min.
Dès la sortie du four, retourner la pâte, retirer la plaque et la feuille et saupoudrer de sucre glace.
Enfourner à 225°C pour quelques secondes afin de dissoudre et caraméliser uniformément la totalité de la pâte feuilletée.
Dès la sortir du four, laisser refroidir sur plaque.

Crème légère vanille

1 kg	de crème pâtissière vanille (recette page 267)
300 g	de crème liquide 35 % mg
2	gousses de vanille

Procédé
À l'aide d'un fouet, mélanger la crème pâtissière pour la rendre lisse.
Gratter l'intérieur des gousses de vanille puis incorporer la pulpe à la crème liquide.
Monter au batteur la crème liquide jusqu'à obtention d'une crème assez ferme. Mélanger, délicatement au fouet, les deux préparations. Réserver.

Montage et finition
Détailler la pâte feuilletée caramélisée en trois carrés réguliers de 20 cm de côté. Garnir de crème légère.
Poser le second carré de pâte feuilletée puis, à l'aide d'une poche à douille unie n° 10, garnir de crème.
Poser le dernier carré et décorer selon votre choix. Réserver au frais.

Composition for 3 millefeuilles serving 6/8 people
Upside-down puff pastry (recipe page 266)
Vanilla light cream
Confectioner's sugar
Decoration

Preparation of the puff pastry before cooking
Using a roller, spread out a layer of puff pastry to a thickness of 2 mm. Prick the pastry using a dough docker and place it between two sheets of cooking paper and two baking sheets. Bake at 165°C for 25 to 30 min.
Once out of the oven, turn the dough over, remove the sheet and the paper and sprinkle with confectioner's sugar.
Place in the oven at 225°C for a few seconds to ensure that all the puff pastry dissolves and caramelizes evenly.
Once out of the oven, leave to cool on a sheet.

Vanilla light cream

1 kg	vanilla pastry cream (recipe page 267)
300 g	35% fat liquid cream
2	vanilla pods

Method
Using a whisk, mix the pastry cream until smooth.
Grate the vanilla pods then add the pulp to the liquid cream.
Place the liquid cream in a mixer and beat until fairly firm.
Gently whisk the two preparations together. Set aside.

Assembly and finish
Cut the caramelized puff pastry into three regular 20 x 20 cm squares. Fill with light cream.
Put down the second square of puff pastry then, using a frosting bag with a plain no. 10 nozzle, fill with cream.
Put down the last square and decorate as wished. Keep in the refrigerator.

Millefeuille vanille à gauche, millefeuille aux framboises à droite
Vanilla millefeuille left, raspberry millefeuille right >

22. Religieuse au café
Coffee religieuse

Composition pour 30 religieuses au café
Pâte à choux (recette page 267)
Crème pâtissière au café
Crème au beurre café (recette page 269)
Fondant café (recette page 66)

Dressage des bases
Avec une poche à douille n° 12, dresser sur toile Exopat® des choux de 4,5 cm de diamètre. Alterner les rangées de 8 puis 7 choux par ligne. Saupoudrer de sucre glace et enfourner à 180°C tirage entrouvert pendant 30 à 35 min. Dès la sortie du four, retirer les choux de la toile Exopat et les laisser refroidir sur grille.

Dressage des têtes
Avec une poche à douille n° 8, dresser sur toile Exopat® des choux de 2 cm de diamètre. Alterner les rangées de 12 puis 11 choux par ligne. Saupoudrer de sucre glace et enfourner à 180°C tirage entrouvert pendant 25 à 30 min.
Dès la sortie du four retirer les choux de la toile Exopat® et les laisser refroidir sur grille.

Crème pâtissière au café

1 l	de lait
1	gousse de vanille
125 g	de sucre semoule
240 g	de jaunes d'œufs
125 g	de sucre de semoule
80 g	de poudre à flan
25 g	de café soluble
5 g	de grains de café

Procédé
Faire bouillir le lait avec la gousse de vanille fendue et le sucre.
Ajouter le café soluble et les grains de café concassés. Laisser infuser à couvert 10 min.
Mélanger au fouet le sucre avec les jaunes d'œufs. Incorporer la poudre à flan. Verser progressivement le lait chaud et mélanger énergiquement. Passer au chinois et transvaser dans la casserole. Porter à ébullition tout en fouettant et cuire 1 min après ébullition.
Verser la crème pâtissière café sur une plaque filmée. Couvrir immédiatement d'un film alimentaire en contact de la crème.
Placer dans la cellule de refroidissement à 2°C.
Réserver

Composition for 30 coffee religieuses
Pate a choux dough (recipe page 267)
Coffee pastry cream
Coffee butter cream (recipe page 269)
Coffee fondant (recipe page 66)

Making the bases
Using a frosting bag with a no. 12 nozzle, pipe out choux shapes 4.5 cm in diameter on an Exopat® mat. Alternate the rows with 8 and then 7 choux per line. Sprinkle with confectioner's sugar and place in the oven at 180°C with vents open for 30 to 35 min.
Once out of the oven, remove the choux from the Exopat mat and leave to cool on a rack.

Making the heads
Using a frosting bag with a no. 8 nozzle, pipe out choux shapes 2 cm in diameter on an Exopat® mat. Alternate the rows with 12 then 11 choux per line. Sprinkle with confectioner's sugar then place in the oven at 180°C with vents open for 25 to 30 min. Once out of the oven, remove the choux from the Exopat® mat and leave to cool on a rack.

Coffee pastry cream

1 l	milk
1	vanilla pod
125 g	granulated sugar
240 g	egg yolks
125 g	granulated sugar
80 g	flan powder
25 g	instant coffee
5 g	coffee beans

Method
Boil the milk with the split vanilla pod and the sugar.
Add the instant coffee and crushed coffee beans. Leave to infuse in a covered pot for 10 min.
Whisk the sugar with the egg yolks. Mix in the flan powder.
Gradually pour on the hot milk and mix briskly. Strain through a chinois and decant into the pot. Bring to the boil whisking continuously and cook for 1 min. after boiling.
Pour the coffee pastry cream onto a sheet covered in food wrap. Immediately cover with more wrap, touching the surface of the cream. Place in a blast chiller at 2°C.
Set aside.

Religueuse au café au fond, religieuse au chocolat au premier plan
Coffee religieuse behind, chocolate religieuse in the front >

Montage et finition

Faire un trou au centre de la partie lisse des choux. Mélanger au fouet la crème pâtissière au café pour la rendre lisse. À l'aide d'une poche à douille n° 8 garnir de crème l'ensemble des choux. Mettre à température le fondant café puis tremper les choux de base, côté arrondi, dans le fondant et retirer l'excédent. Laisser durcir. Prendre les petits choux, côté arrondi, les glacer au fondant et retirer l'excédent. Poser les petits choux sur les bases. Mélanger au fouet la crème au beurre café pour la rendre lisse. Puis, à l'aide d'une poche à douille cannelée D 5, former des flammèches en remontant dès la base du petit chou.

Assembly and finish

Make a hole in the center of the smooth part of the choux. Whisk the coffee pastry cream until smooth. Using a frosting bag with a no. 8 nozzle, fill all the choux with cream. Bring the coffee fondant back to temperature, then soak the rounded side of the bottom choux in the fondant and remove any excess. Leave to harden. Take the rounded side of the small choux, frost with fondant and remove any excess. Place the small choux on top of the bases. Whisk the coffee butter cream until smooth. Then, using a frosting bag with a fluted D5 nozzle, form little flame shapes up from the bottom of the small choux.

23. Religieuse au chocolat
Chocolate religieuse

Composition pour 40 de religieuses au chocolat

Pâte à choux (recette page 267)
Crème pâtissière au chocolat (voir éclairs page 69)
Crème au beurre au chocolat (recette page 269)
Fondant chocolat (recette page 69)

Dressage des bases

Avec une poche à douille n° 12, dresser sur toile Exopat® des choux de 4,5cm de diamètre. Alterner les rangées de 8 puis 7 choux par ligne. Saupoudrer de sucre glace et enfourner à 180°C tirage entrouvert pendant 30 à 35 min. Dès la sortie du four, retirer les choux de la toile Exopat® et les laisser refroidir sur grille.

Dressage des têtes

Avec une poche à douille n° 8, dresser sur toile Exopat® des choux de 2 cm de diamètre. Alterner les rangées de 12 puis 11 choux par ligne. Saupoudrer de sucre glace et enfourner à 180°C tirage entrouvert pendant 25 à 30 min. Dès la sortie du four, retirer les choux de la toile Exopat® et les laisser refroidir sur grille.

Montage et finition

Faire un trou au centre de la partie lisse des choux. Mélanger

Composition for 40 chocolate religieuses

Pate a choux dough (recipe page 267)
Chocolate pastry cream (see eclairs page 69)
Chocolate butter cream (recipe page 269)
Chocolate fondant (recipe page 69)

Making the bases

Using a frosting bag with a no. 12 nozzle, pipe out choux shapes 4.5 cm in diameter on an Exopat® mat. Alternate the rows with 8 then 7 choux per line. Sprinkle with confectioner's sugar then place in the oven at 180°C vents open for 30 to 35 min. Once out of the oven, remove the choux from the Exopat® mat and leave to cool on a rack.

Making the heads

Using a frosting bag with a no. 8 nozzle, pipe out choux shapes 2 cm in diameter on an Exopat® mat. Alternate the rows with 12 then 11 choux per line. Sprinkle with confectioner's sugar then place in the oven at 180°C vents open for 30 to 35 min. Once out of the oven, remove the choux from the Exopat® mat and leave to cool on a rack.

Assembly and finish

Make a hole in the center of the smooth part of the choux. Whisk

au fouet la crème pâtissière au chocolat pour la rendre lisse. À l'aide d'une poche à douille n° 8, garnir de crème l'ensemble des choux. Mettre à température le fondant chocolat puis tremper les choux de base, côté arrondi, dans le fondant et retirer l'excédent. Laisser durcir. Prendre les petits choux, côté arrondi, les glacer au fondant et retirer l'excédent. Poser les petits choux sur les bases. Mélanger au fouet la crème au beurre chocolat pour la rendre lisse. Puis, à l'aide d'une poche à douille cannelée D 5, former des flammèches en remontant dès la base du petit chou Réserver au frais.

the chocolate pastry cream until smooth. Using a frosting bag with a no. 8 nozzle, fill all the choux with cream. Bring the chocolate fondant back to temperature, then soak the round side of the bottom choux in the fondant and remove any excess. Leave to harden. Take the rounded side of the small choux, frost with fondant and remove any excess. Place the small choux on top of the bases. Whisk the chocolate butter cream until smooth. Then, using a frosting bag with a fluted D5 nozzle, form little flame shapes from the bottom of the small choux. Keep in the refrigerator.

Chapitre 02

ÉCOLE LENÔTRE

Les créations / The creations

24. Fruits d'automne
Autumn fruits

Composition pour 3 entremets de 6/8 personnes
Biscuit aux noix
Dacquoise noisettes (recette page 263)
Caramel chocolat
Palets de pomme caramélisée
Mousse aux noix
Noix sablées
Punch calvados
Appareil chocolat lait

Décors
Plumes en chocolat

Biscuit aux noix
pour 6 fonds de 16 cm de diamètre
65 g de tant-pour-tant amande
125 g de tant-pour-tant noix
225 g de jaunes d'œufs
100 g de sucre semoule
50 g de fécule
100 g de farine
250 g de blancs d'œufs
65 g de sucre semoule
50 g de beurre
50 g d'huile de noix

Procédé
Monter au batteur et un fouet les jaunes d'œufs, le sucre, le tant-pour-tant amande et tant-pour-tant noix pendant 5 min. Tamiser ensemble la fécule et la farine. Monter au fouet les blancs d'œufs avec un dixième du poids du sucre puis serrer le tout avec le sucre restant.
Prélever une partie du mélange jaunes/sucre et verser le beurre fondu froid et l'huile de noix, puis mélanger le tout à la spatule. Après avoir obtenu un mélange homogène, incorporer le restant du mélange jaunes/sucre. Mélanger puis ajouter délicatement les blancs d'œufs montés.
Terminer cette pâte à biscuit en y incorporant le mélange farine/fécule tamisées. Verser en chablon de 1 cm et faire cuire à 165°C pendant 15 min. Dès la sortie du four, faire refroidir sur grille et réserver.

Caramel chocolat
200 g de sucre semoule
100 g de crème liquide
25 g de beurre
25 g de chocolat de couverture au lait Élysée 36 %
2 g de gélatine en feuilles

Composition for 3 desserts 18 cm in diameter
Walnut sponge
Hazelnut dacquoise (recipe page 263)
Chocolate caramel
Caramelized apple discs
Walnut mousse
Sable walnuts
Calvados punch
Milk chocolate mix

Decoration
Chocolate feathers

Walnut sponge
for 6 bases 16 cm in diameter
65 g almond tant-pour-tant
125 g walnut tant-pour-tant
225 g egg yolks
100 g granulated sugar
50 g starch
100 g flour
250 g egg whites
65 g granulated sugar
50 g butter
50 g walnut oil

Method
In a mixer, whisk the egg yolks, sugar, almond tant-pour-tant and walnut tant-pour-tant for 5 min. Sift the starch and flour together. Whisk the egg whites with one tenth of the weight of sugar then add the remaining sugar.
Remove a part of the yolks/sugar mixture, pour on the cold melted butter and walnut oil, then mix together using a spatula.
Once the mixture is smooth, incorporate the rest of the yolks/sugar mixture. Mix, then delicately add the whisked egg whites.
Finish off the sponge dough by adding the sifted flour/starch mixture. Pour into a stencil 1 cm deep and bake at 165°C for 15 min. Once out of the oven, cool on a rack and set aside.

Chocolate caramel
200 g granulated sugar
100 g liquid cream
25 g butter
25 g 36% Élysée mild chocolate couverture
2 g gelatin sheets

15 g	de kirsch
115 g	de beurre

Procédé

Au batteur, en première vitesse, incorporer progressivement les œufs entiers à la pâte d'amande. Le mélange doit être lisse. Faire chauffer la cuve du batteur, 30 secondes au chalumeau, pour que le mélange augmente de volume.
Monter en deuxième vitesse pendant 10 min. Diviser la préparation en deux. Dans une moitié, incorporer le beurre fondu, puis rassembler les deux masses. Incorporer délicatement la farine et la levure, préalablement tamisées, puis le kirsch.
Verser et garnir aux 3/4 des moules à manqué préalablement beurrés et farinés. Enfourner à 170 °C pendant 35 min. Dès la sortie du four, démouler et laisser refroidir jusqu'à 70°C à cœur sur grille, puis filmer. Réserver au frais.

Astuce : pour une meilleure découpe, le pain de Gènes doit être réalisé la veille.

Poêlée d'abricot au romarin

700 g	d'abricots au sirop
60 g	de beurre
50 g	de sucre semoule
QS	de romarin frais
20 g	de gelée dessert

Procédé

Mettre à égoutter et couper en deux les oreillons d'abricots. Faire fondre le beurre dans une poêle, ajouter le sucre puis les abricots. Laisser mijoter 2 min à feu doux.
Parsemer de brins de romarin frais. Faire compoter 10 min tout en remuant délicatement et ce afin d'enrober les abricots de leur jus de cuisson. Retirer les brins de romarin puis faire caraméliser. Verser cette garniture dans un récipient.
Ajouter délicatement la gelée dessert. Verser et garnir des empreintes Flexiplan® ronds de diamètre 16 cm. Surgeler.

Caramel de base

125 g	de sucre semoule
100 g	de sirop de glucose
20 g	de beurre
200 g	de crème liquide 35 % mg

Procédé

Dans un casserole, sur feu doux, verser une partie du sucre

15 g	kirsch
115 g	butter

Method

In the mixer, at low speed, gradually mix the whole eggs into the almond paste. The mixture should be smooth.
Heat the bowl of the mixer for 30 seconds using a blowtorch, so that the mixture increases in volume.
Increase speed and beat for 10 min. Divide the preparation in two. Incorporate the melted butter into one half, then combine the two mixtures. Delicately add the pre-sifted flour and baking powder, then the kirsch.
Pour into pre-greased and floured round baking pans and fill to 3/4 of the way up. Place in the oven at 170°C for 35 min. Once out of the oven, remove from the mold and cool to a core temperature of 70°C on a rack, then cover in food wrap. Keep in the refrigerator.

Tip: the pain de genes will cut better if it is made the day before.

Pan-fried apricot with rosemary

700 g	apricots in syrup
60 g	butter
50 g	granulated sugar
SQ	fresh rosemary
20 g	dessert jelly

Method

Drain the apricot halves and cut in two.
Melt the butter in a fry-pan, add the sugar then the apricots. Leave to simmer for 2 min. over a low heat.
Sprinkle with sprigs of fresh rosemary. Cook for 10 min. to a compote texture, stirring gently so as to coat the apricots in their cooking juice. Remove the sprigs of rosemary then caramelize. Pour this into a container.
Delicately add the dessert jelly. Pour into round Flexiplan® molds 16 cm in diameter and fill. Freeze.

Basic caramel

125 g	granulated sugar
100 g	glucose syrup
20 g	butter
200 g	35% fat liquid cream

Method

In a saucepan, over a low heat, pour on a part of the

semoule, laisser dissoudre et prendre de la couleur, puis renouveler l'opération avec le restant du sucre pour obtenir un caramel brun.
Incorporer le sirop de glucose chaud. Faire recuire l'ensemble 2 à 3 min.
Décuire avec le beurre pommade en l'incorporant au fouet.
Verser progressivement la crème liquide chaude.
Passer au chinois étamine, puis réserver à température ambiante.
Prélever 185 g pour la recette.

Mousse au caramel

- 50 g de jaunes d'œufs
- 35 g de sirop de base (recette page 271)
- 6 g de gélatine en feuilles
- 185 g de caramel de base
- 200 g de crème fouettée 35 % mg

Procédé

Faire chauffer le sirop de base puis le verser sur les jaunes d'œufs. Mélanger l'ensemble au fouet.
Faire pocher au four à micro-ondes jusqu'à ce que la température atteigne 90°C (durant ce pochage, remuer fréquemment le mélange au fouet).
Verser dans une cuve du batteur puis, à l'aide d'un fouet, faire augmenter de volume et refroidir jusqu'à 30-35°C.
Introduire le caramel de base, la gélatine ramollie et fondue.
À 20°C, incorporer délicatement la crème fouettée. Verser et garnir dans les empreintes d'un Flexiplan® « disques pour insert » ronds, diamètre 15 cm, et surgeler.
Réserver.

Coulis d'abricot gélifié parfumé au romarin

- 200 g de pulpe d'abricot
- 250 g de sucre semoule
- 30 g de gélatine en feuilles
- 200 g d'eau
- 40 g de romarin frais

Procédé

Faire bouillir l'eau avec le sucre et y verser la pulpe d'abricot préalablement tiédie à 65°C. Ajouter le romarin coupé et laisser infuser à couvert pendant 20 min puis passer au chinois.
Ramollir la gélatine dans l'eau froide, l'égoutter puis l'incorporer à la purée de fruit parfumée. Chinoiser.
Réserver à température ambiante.

granulated sugar, leave to dissolve and brown, then repeat with the rest of the sugar to produce a brown caramel.
Incorporate the hot glucose syrup. Cook everything for 2 to 3 min.
Whisk in the softened butter to dilute. Gradually pour in the hot liquid cream. Strain through a cheesecloth, then keep at room temperature.
Remove 185 g for the recipe.

Caramel mousse

- 50 g egg yolks
- 35 g basic syrup (recipe page 271)
- 6 g gelatin sheets
- 185 g basic caramel
- 200 g 35% fat liquid cream

Method

Heat the basic syrup then pour onto the egg yolks. Whisk together.
Poach in the microwave until the temperature reaches 90°C (while poaching, whisk the mixture frequently).
Pour into a mixer bowl and, using a whisk, increase in volume and cool to 30-35°C.
Introduce the basic caramel, and the softened and melted gelatin. At 20°C, delicately mix in the whipped cream. Pour into the molds of round "insert disc" Flexiplan®, 15 cm in diameter, fill to top and freeze.
Set aside.

Gelled apricot coulis flavored with rosemary

- 200 g apricot pulp
- 250 g granulated sugar
- 30 g gelatin sheets
- 200 g water
- 40 g fresh rosemary

Method

Boil the water with the sugar and pour on the apricot pulp pre-warmed to 65°C. Add the chopped rosemary and leave to infuse with a lid on for 20 min., then strain through a chinois.
Soften the gelatin in cold water, drain then mix in the flavored fruit puree. Strain.
Set aside at room temperature.

Assembly

Attach a strip of rhodoid to the sides of each cake ring.
Place the rings on an upside-down round "insert disc"

Montage
Fixer une bande de rodhoïd contre la paroi de chaque cercle.
Poser les cercles sur une plaque retournée Flexipan® « disques pour insert » ronds. Garnir de mousse abricot, chemiser les parois à l'aide d'un pinceau et faire prendre quelques minutes au froid.
Garnir légèrement de mousse abricot.
Fixer l'insert de mousse caramel congelée.
Regarnir d'une fine épaisseur de mousse d'abricot.
Poser le biscuit capucine.
Poser l'insert d'abricot congelé.
Garnir à nouveau d'une fine épaisse de mousse abricot, puis terminer le montage de l'entremets par le fond de biscuit pain de Gênes.
Poser une feuille de papier cuisson et une plaque sur l'entremets et surgeler l'ensemble.

Décor et finition
Retirer la plaque Flexipan®. Décercler l'entremets puis retirer le rodhoïd et remettre au froid.
À l'aide d'un pistolet à pulvériser et d'un appareil teinté abricot, floquer l'entremets pour lui donner un aspect velours.
Poser l'entremets sur un carton or. Verser le coulis gélifié parfumé au romarin au centre de l'entremets. Laisser gélifier puis décorer.

Nb : le décor d'un entremets reste tout à fait personnel. Suivant la demande d'un client, les décors peuvent varier.

Flexipan®. Fill with apricot mousse, line the sides using a brush and leave to set for a few minutes in the refrigerator.
Fill with a little apricot mousse.
Attach the insert using frozen caramel mousse.
Fill again with a thin layer of apricot mousse.
Put down the capucine sponge.
Position the frozen apricot insert.
Fill again with a thin layer of apricot mousse, then finish assembly of the dessert with a base of pain de Genes sponge.
Place a piece of cooking paper and a sheet on the dessert and freeze the whole thing.

Decoration and finish
Remove the Flexipan® tray. Remove the dessert from the ring then take out the rhodoid and place back in the refrigerator.
Create a velvety appearance using a spray gun and an apricot-colored mix. Place the dessert on a piece of gold cardboard.
Pour the gelled, rosemary-flavored coulis in the center of the dessert. Leave to gell then decorate.

Nb: the way a dessert is decorated is purely a matter of personal taste. Decorations can vary according to the customer's wishes.

26. Le chocolat griotte
Morello cherry chocolate

Composition pour 3 entremets de 6/8 personnes
Biscuit viennois au chocolat
Mousse griottes
Palet de crème brûlée
Mousse au chocolat
Punch griottes
Griottes à l'alcool
Glaçage chocolat (recette page 272)

Décors
Plaquettes en chocolat teintées violet
Cerises à l'alcool

Biscuit viennois au chocolat
300 g tant-pour-tant amande
125 g d'œufs entiers
70 g de jaunes d'œufs
280 g de blancs d'œufs
100 g de sucre semoule
50 g de fécule
50 g de farine
30 g de poudre de cacao Extra Brut
50 g de chocolat de couverture noir Concorde 66 %

Procédé
Monter au fouet les œufs et les jaunes d'œufs avec le tant-pour-tant amande.
Monter les blancs, puis les serrer avec le sucre.
Tamiser la fécule, la farine et le cacao poudre.
Hacher très finement la couverture.
Incorporer les blancs d'œufs montés au premier mélange, puis les poudres tamisées et le chocolat haché.
Garnir en chablons de 1 cm, enfourner à 170°C pendant 16 à 18 min. Dès la sortie du four, faire refroidir sur grille.
Réserver.

Mousse griotte
250 g de pulpe de griotte
12 g de gélatine en feuilles
250 g de meringue italienne (recette page 270)
250 g de crème liquide 35 % mg
25 g de crème de cassis

Procédé
Faire tiédir à 65°C la moitié de la pulpe de fruit.
Ramollir la gélatine dans l'eau froide, l'égoutter et la faire fondre.

Composition for 3 desserts serving 6/8 people
Chocolate Viennese sponge
Morello cherry mousse
Creme brulee disc
Chocolate mousse
Morello cherry punch
Morello cherries in alcohol
Chocolate icing (recipe page 272)

Decoration
Purple-tinted chocolate squares
Cherries in alcohol

Chocolate Viennese sponge
300 g almond tant-pour-tant
125 g whole eggs
70 g egg yolks
280 g egg whites
100 g granulated sugar
50 g starch
50 g flour
30 g Extra Brut cocoa powder
50 g 66% Concorde dark chocolate couverture

Method
Whisk the eggs and the egg yolks with the almond tant-pour-tant.
Whisk the whites, then add sugar and whisk until stiff.
Sift the starch, flour and cocoa powder.
Chop the couverture very finely.
Incorporate the whisked egg whites into the first mixture, then the sifted powders and the chopped chocolate.
Fill stencils 1 cm deep, place in the oven at 170°C for 16 to 18 min. Once out of the oven, cool on a rack.
Set aside.

Morello cherry mousse
250 g morello cherry pulp
12 g gelatin sheets
250 g Italian meringue (recipe page 270)
250 g 35% fat liquid cream
25 g blackcurrant liqueur

Method
Warm half of the fruit pulp to 65°C.
Soften the gelatin in cold water, drain and melt.
Reduce the morello cherry pulp to a temperature of 40°C,

27. Gourmandise au champagne
Champagne gourmandise

Composition pour 3 entremets de 6/8 personnes, diamètre 16 cm hauteur 6 cm
Biscuits madeleine citron
Biscuits viennois (voir page 261)
Riz au lait fraise
Palet de fruit rouge
Mousse champagne rosé
Punch framboise
Guimauve à la fraise
Chocolat teinté rosé (recette page 273)

Décors
Glace royale
Sucre coloré rouge
Nappage fraise
Fraises fraîches

Biscuit madeleine citron

200 g	œufs entiers
200 g	de farine
15 g	de levure chimique
180 g	de beurre
4	zestes de citron jaune
125 g	de blancs d'œufs
25 g	de sucre semoule

Procédé
Blanchir à l'aide d'un fouet les œufs avec le sucre. Ajouter la farine et la levure chimique tamisée. Incorporer les zestes de citron et le beurre fondu froid.
Monter les blancs avec le sucre et les incorporer délicatement au mélange. Verser et garnir à moitié des empreintes d'un Flexiplan® ronds et faire cuire à 180°C pendant 20 min. Dès la sortie du four, faire refroidir sur grille.
Filmer et réserver.

Palet de riz au lait fraise

90 g	de riz rond
1 g	de sel fin
500 g	de lait
100 g	de crème liquide 35 % mg
25 g	de sirop de fraise
25 g	de sucre semoule
150 g	de fraises fraîches
4 g	de gélatine en feuilles
125 g	de crème liquide 35 % mg

Composition for 3 desserts serving 6/8 people, diameter 16 cm, 6 cm deep
Lemon madeleine sponges
Viennese sponges (see page 261)
Strawberry rice pudding
Red fruit disc
Champagne mousse
Raspberry punch
Strawberry marshmallow
Pink-tinted chocolate (recipe page 273)

Decoration
Royal icing
Red-colored sugar
Strawberry coating
Fresh strawberries

Lemon madeleine sponge

200 g	eggs
200 g	flour
15 g	baking powder
180 g	butter
4	lemon rinds
125 g	egg whites
25 g	granulated sugar

Method
Whisk the eggs with the sugar until pale in color. Add the flour and sifted baking powder.
Incorporate the lemon rinds and cold melted butter. Whisk the whites with the sugar and fold delicately into the mixture. Pour into round Flexiplan® molds until half-full and bake at 180°C for 20 min. Once out of the oven, cool on a rack.
Cover in food wrap and set aside.

Strawberry rice pudding disc

90 g	round rice
1 g	fine salt
500 g	milk
100 g	35% fat liquid cream
25 g	strawberry syrup
25 g	granulated sugar
150 g	fresh strawberries
4 g	gelatin sheets
125 g	35% fat liquid cream

Procédé

Blanchir le riz avec le sel, puis le rincer à l'eau claire pour retirer l'amidon.
Porter à ébullition le lait, la crème, le sucre, le sirop et ajouter le riz. Laisser cuire à feu doux et à couvert pendant 20 min. En fin de cuisson, filmer au contact et laisser gonfler hors du feu.
Dans une casserole, faire chauffer légèrement les fraises coupées en deux pour faire ressortir leur jus et ajouter le sucre. Mélanger délicatement et laisser compoter à feu doux pendant 10 min. Incorporer le compoté de fraises au riz au lait.
Ramollir la gélatine dans l'eau froide, l'égoutter et la faire fondre, puis l'incorporer à 600 g de riz au lait redescendu à 40°C.
À 20°C, incorporer les 125 g de crème liquide préalablement fouettée. Verser dans des empreintes rondes de 15 cm d'une plaque Flexipan®.
Surgeler.

Guimauve à la fraise

20 g	de gélatine en feuilles
65 g	de sirop de glucose
50 g	de sirop de fraise
625 g	de sucre semoule
150 g	de blancs d'œufs
10 g	de sucre semoule
200 g	d'eau de source
5 g[tes]	de colorant rouge
50 g	de fécule de pomme de terre

Procédé

Faire cuire l'eau, le sucre et le glucose à 130°C.
Monter les blancs avec le sucre. Verser le sucre cuit sur les blancs montés et incorporer le sirop de fraise.
Ramollir la gélatine dans de l'eau froide, l'égoutter et la faire fondre, puis l'incorporer à la meringue et ajouter les gouttes de colorant. Laisser dessécher quelques secondes, puis verser cette pâte à guimauve sur une feuille de cuisson dans des chablons ronds, d'épaisseur 5 mm, préalablement saupoudrés de fécule de pomme de terre.
Laisser refroidir et sécher en surface 6 heures. Retourner et retirer la feuille de papier cuisson, saupoudrer de fécule de pomme de terre et laisser de nouveau sécher (6 heures).
Réserver.

Mousse champagne rosé

150 g	de champagne rosé
120 g	de sucre semoule
35 g	d'eau

Method

Blanch the rice with the salt, then rinse in clear water to remove the starch.
Bring the milk, cream, sugar, syrup to the boil and add the rice. Leave to cook over a low heat with a lid for 20 min. At the end of cooking, cover with food wrap in contact with the product and leave to swell off the heat.
In a saucepan, gently heat the halved strawberries to bring out their juice and add the sugar. Mix delicately and leave to form a compote over a low heat for 10 min. Fold the strawberry compote into the rice pudding.
Soften the gelatin in cold water, drain and melt, then mix into 600 g of rice pudding brought down to 40°C.
At 20°C, incorporate the 125 g of pre-whipped liquid cream.
Pour into the 15-com round molds of a Flexipan® tray.
Freeze.

Strawberry marshmallow

20 g	gelatin sheets
65 g	glucose syrup
50 g	strawberry syrup
625 g	granulated sugar
150 g	egg whites
10 g	granulated sugar
200 g	spring water
5 drops	red coloring
50 g	potato starch

Method

Cook the water, sugar and glucose at 130°C.
Whisk the whites with the sugar. Pour the cooked sugar onto the whisked whites and mix into the strawberry syrup.
Soften the gelatin in the cold water, drain and melt, then incorporate into the meringue and add the drops of coloring.
Leave to dry for a few seconds, then pour this marshmallow paste onto a sheet of cooking paper in round stencils, 5-mm thick, after sprinkling with potato starch first.
Leave to cool and dry on the surface for 6 hours. Turn over and remove the sheet of cooking paper, sprinkle with potato starch and leave to dry again (6 hours).
Set aside.

Pink champagne mousse

150 g	pink champagne
120 g	granulated sugar
35 g	water
85 g	egg yolks
8 g	gelatin sheets

85 g de jaunes d'œufs
8 g de gélatine en feuilles
750 g de crème liquide 35 % mg
6 gtes de colorant rouge

Procédé
Faire chauffer l'eau et le sucre puis verser le tout sur les jaunes d'œufs. Mélanger l'ensemble au fouet. Faire pocher au four à micro-ondes jusqu'à ce que la température atteigne 90°C (durant ce pochage, remuer fréquemment le mélange au fouet).
Verser dans la cuve d'un batteur, puis faire augmenter de volume à l'aide d'un fouet et refroidir jusqu'à 30-35°C.
Ramollir la gélatine dans l'eau froide, l'égoutter et la faire fondre.
Faire chauffer à 20°C le champagne, y incorporer la gélatine fondue. Mélanger au fouet.
Incorporer la moitié de la pâte à bombe. Mélanger. Ajouter la crème fouettée puis le restant de la pâte à bombe.

Punch framboise
150 g de sirop de base (recette page 271)
50 g d'eau de source
50 g d'alcool à la framboise

Procédé
Mélanger les ingrédients ensemble.

Palet de fraise des bois et groseille
400 g de fraises des bois
100 g de groseilles
50 g de sucre glace
50 g de gelée dessert

Procédé
Dans une casserole, faire chauffer les fruits pour faire ressortir leur jus. Ajouter le sucre glace, mélanger délicatement, puis incorporer la gelée dessert.
Verser et garnir des empreintes de diamètre 15 cm d'une plaque Flexipan® ronds.
Surgeler.

Montage
Fixer une bande de rodhoïd contre la paroi des cercles.
Poser un biscuit madeleine citron au fond du cercle.
Garnir d'une très fine épaisseur de mousse champagne.
Poser un palet de guimauve et le fixer au biscuit.
Garnir d'une épaisseur de mousse champagne.

750 g 35% fat liquid cream
6 drops red coloring

Method
Heat the water and sugar then pour onto the egg yolks. Whisk together. Poach in a microwave until the temperature reaches 90°C (while poaching, stir frequently with a whisk).
Pour into a mixer bowl, then increase volume using a whisk and cool to 30 - 35°C.
Soften the gelatin in cold water, drain and melt.
Heat the champagne to 20°C, mix in the melted gelatin. Whisk together.
Incorporate half of the bombe dough. Mix. Add the whipped cream then the rest of the bombe dough.

Raspberry punch
150 g basic syrup (recipe page 271)
50 g spring water
50 g raspberry alcohol

Method
Mix the ingredients together.

Wild strawberry and redcurrant disc
400 g wild strawberries
100 g redcurrants
50 g confectioner's sugar
50 g dessert jelly

Method
In a saucepan, heat the fruits to bring out their juice.
Add the confectioner's sugar, mix delicately with a spatula to leave the fruits whole, then incorporate the dessert jelly.
Pour to the top of the15-cm round molds of a Flexipan® tray.
Freeze.

Assembly
Attach a strip of rhodoid to the side of the rings.
Place a lemon madeleine sponge at the bottom of the ring.
Fill with a very thin layer of champagne mousse.
Put down a marshmallow disc and attach to the sponge.
Fill with a layer of champagne mousse.
Put down the disc of frozen red fruits.
Fill with a very thin layer of champagne mousse.
Attach the Viennese sponges soaked in raspberry punch.
Put down the frozen disc of strawberry rice pudding.
Fill with champagne mousse and smooth over the top.
Leave to set in the freezer.

Poser le palet de fruit rouge congelé.
Garnir d'une très fine épaisseur de mousse champagne.
Fixer le biscuits viennois imbibé au punch framboise.
Poser le palet congelé de riz au lait à la fraise.
Garnir et lisser à hauteur de mousse champagne.
Faire prendre au congélateur.
Relisser à l'aide d'une spatule de mousse champagne plus souple pour obtenir un entremets bien plat.
Surgeler.

Décors et finition

Décercler et recouvrir de glaçage teinté rosé.
Retirer le rhodoïd.
Parsemer de la poudre bronze scintillant et l'étaler à l'aide d'une feuille de papier absorbant.
Verser de la couverture blanche tempérée sur une partie de la bande puis l'étaler finement à l'aide d'une palette.
Laisser cristalliser légèrement, puis fixer cette bande tout autour de l'entremets.
Bien souder les deux extrémités.
Disposer une corolle de fraises posées sur leur base à 1 cm du bord de l'entremets.
À l'aide d'un cornet, verser sur chaque fruit du nappage fraise.
Puis déposer un anneau de guimauve préalablement enrobée sur une face de glace royale teintée rosé.
Rouler le bord de la guimauve dans un sucre coloré rouge.

Nb : le décor d'un entremets reste tout à fait personnel. Suivant la demande d'un client, les décors peuvent varier.

Using a spatula, smooth over again with softer champagne mousse to obtain a very flat dessert. Freeze.

Decoration and finish

Remove from the ring and ice with pink-tinted frosting.
Remove the rhodoid.
Sprinkle some shimmering bronze powder onto a strip of rhodoid, and spread using a sheet of absorbent paper.
Pour some tempered white couverture onto part of the strip then spread finely using a palette knife.
Leave to crystallize slightly, then attach this strip all the way around the dessert.
Join the two ends together securely.
Arrange a ring of strawberries placed bottom-down 1 cm from the edge of the dessert.
Using a frosting bag, pour strawberry coating over each fruit.
Then put down a ring of marshmallow pre-coated on one side with pink-tinted royal icing.
Roll the edge of the marshmallow in a red-colored sugar.

Nb: the way a dessert is decorated is purely a matter of personal taste. Decorations can vary according to the customer's wishes.

28. Charlotte fruits rouges aux dragées
Red fruit charlotte with sugared almonds

Composition pour 3 entremets de 6/8 personnes, diamètre 16 cm hauteur 6 cm
3 fonds de dacquoise pistache (recette page 263)
3 fonds de biscuit cuillère rose (recette page 260)
3 bandes de biscuit cuillère rose (recette page 263)
Palet de fruits des bois
Mousse aux fruits rouges
Mousse dragée rose
Punch mara des bois
Colorant rouge

Décors
Assortiment de fruits rouges
Dragées roses
Glaçage neutre (recette page 271)

Palet de fruits des bois
250 g de fruits des bois
20 g de sucre glace
25g de gelée dessert
5 g de jus de citron

Procédé
Dans une casserole, faire chauffer les fruits pour faire ressortir leur jus et incorporer le sucre.
Hors du feu ajouter la gelée dessert et le jus de citron. Verser et garnir des empreintes d'un Flexiplan® ronds.
Surgeler.

Mousse aux fruits
200 g de purée de fruit rouge mara des bois
12 g de gélatine en feuilles
190 g de meringue italienne
375 g de crème liquide 35 % mg

Procédé
Faire tiédir à 65°C, la moitié de la pulpe de fruit rouge.
Ramollir la gélatine dans l'eau froide, l'égoutter et faire fondre.
Faire redescendre en température la pulpe de fruit à 40°C, incorporer la gélatine fondue puis le restant de la pulpe et faire refroidir à 22°C.
Monter la crème liquide, la mélanger à la meringue italienne, puis incorporer ce mélange à la pulpe collée.

Composition for 3 desserts serving 6/8 people, 16 cm in diameter and 6-cm high
3 bases of pistachio dacquoise (recipe page 263)
3 bases of pink lady fingers (recipe page 260)
3 strips of pink lady fingers (recipe page 263)
Fruits of the forest disc
Red fruit mousse
Pink sugared almond mousse
Mara des bois punch
Red coloring

Decorations
Assortment of red fruits
Pink sugared almonds
Neutral frosting (recipe page 271)

Fruits of the forest disc
250 g fruits of the forest
20 g confectioner's sugar
25g dessert jelly
5 g lemon juice

Method
In a saucepan, heat the fruits to bring out their juice and fold in the sugar.
Off the heat, add the dessert jelly and the lemon juice.
Pour into round Flexiplans® and fill.
Freeze

Fruit mousse
200 g red fruit and mara des bois puree
12 g gelatin sheets
190 g Italian meringue
375 g 35% fat liquid cream

Method
Warm half the red fruit pulp to 65°C.
Soften the gelatin in cold water, drain and melt.
Lower the temperature of the fruit pulp to 40°C, incorporate the melted gelatin then the rest of the pulp and cool to 22°C.
Whip the liquid cream, mix into the Italian meringue, then fold this mixture into the thickened pulp.

Lait aux dragées

250 g de lait
90 g de dragées roses

Procédé

Faire chauffer le lait.
Concasser les dragées et les incorporer au lait chaud.
Faire frémir l'ensemble à 80 °C pendant 15 min. Chinoiser. Réserver.

Mousse dragée rose

200 g de lait aux dragées
40 g de jaunes d'œufs
25 g de sucre semoule
5 g de gélatine en feuilles
160 g de crème fouettée 35 % mg

Procédé

Faire chauffer le lait aux dragées.
Mélanger à l'aide d'un fouet les jaunes d'œufs et le sucre, y verser le lait chaud et cuire l'ensemble à 85°C. Chinoiser et faire redescendre la crème anglaise aux dragées à 40°C.
Ramollir la gélatine dans de l'eau froide, l'égoutter et la faire fondre, puis l'incorporer à la crème anglaise. Ajouter quelques gouttes de colorant rouge (facultatif). À 20°C, incorporer la crème fouettée.

Punch fraise mara des bois

100 g de pulpe de fraise mara des bois
300 g de sirop de base (recette page 271)
100 g d'eau de source

Procédé

Faire chauffer la pulpe à 65°C. Incorporer le sirop et l'eau.
À conserver au frais.

Montage

Fixer le rhodoïd sur la paroi du cercle.
Couper régulièrement une bande de biscuit à la cuillère rosé de 7 cm de large sur tout la longueur.
Chemiser les parois du cercle avec cette bande. Bien souder les deux biscuits en les superposant. Couper les biscuits avec un couteau d'office, retirer les extrémités pour obtenir une coupe nette.
Détailler un fond de dacquoise pistache et le poser à la base du cercle.
Garnir, à mi-hauteur de mousse aux fruits rouges.

Sugared almond milk

250 g milk
90 g pink sugared almonds

Method

Heat the milk.
Crush the sugared almonds and mix into the hot milk.
Allow to simmer at 80 °C for 15 min. Strain.
Set aside

Pink sugared almond mousse

200 g sugared almond milk
40 g egg yolks
25 g granulated sugar
5 g gelatin sheets
160 g 35% fat liquid cream

Method

Heat the sugared almond milk.
Whish the egg yolks and sugar together, pour on the hot milk and cook the whole thing at 85°C. Strain and lower the sugared almond custard to 40°C.
Soften the gelatin in cold water, drain and melt, then incorporate into the custard. Add a few drops of red coloring (optional). At 20°C, mix in the whipped cream.

Mara des bois strawberry punch

100 g mara des bois strawberry pulp
300 g basic syrup (recipe page 271)
100 g spring water

Method

Heat the pulp to 65°C. Incorporate the syrup and water.
Keep in the refrigerator.

Assembly

Attach a strip of rhodoid to the sides of the ring.
Cut an even strip of pink lady finger 7 cm wide all the way down.
Line the sides of the ring with this strip. Join the two lady finger pieces laying them one on top of the other. Cut the lady fingers with a kitchen knife, remove the ends to create a sharp edge.
Cut out a base of pistachio dacquoise and place it on the bottom of the ring.
Fill half-way up with red fruit mousse.
Cut out a base of pink lady finger soaked in raspberry punch.

2 g^tes^ de colorant bleu
10 g^tes^ de colorant jaune

Procédé

Zester les citrons.
Faire chauffer le jus de citron vert, le zeste, le beurre et la moitié du sucre. Laisser frémir 1 min.
Mélanger au fouet les œufs et le sucre restant, et verser le liquide chaud. Cuire le tout en fouettant jusqu'à la première ébullition. Ajouter les gouttes de colorant.
Ramollir la gélatine dans l'eau froide, l'égoutter, la faire fondre et l'incorporer à la crème citron vert. Chinoiser et couler dans des empreintes Flexipan® ovales. Surgeler.

Palet de myrtille et de cassis

300 g de myrtilles
75 g de cassis
30 g de sucre glace
45 g de gelée dessert
2 g de jus de citron

Procédé

Dans une casserole, faire chauffer les fruits pour faire ressortir leur jus et incorporer le sucre.
Hors du feu ajouter la gelée dessert et le jus de citron. Couler dans des empreintes Flexipan® ovales. Surgeler.

Gelée d'enrobage du palet

300 g d'eau
200 g de sucre semoule
20 g de gélatine en feuilles

Procédé

Faire chauffer l'eau et le sucre.
Ramollir la gélatine dans l'eau froide, l'égoutter, la faire fondre et l'incorporer au sirop. Réserver.

Punch citron vert

300 g de sirop de base (recette page 271)
100 g de jus de citron vert
50 g d'eau de source

Procédé

Faire chauffer le jus de citron à 65°C. Hors du feu, incorporer le sirop de base, puis ajouter l'eau. Réserver.

Mousse faisselle

180 g de jaunes d'œufs

10 drops yellow coloring

Method

Remove the rind from the limes.
Heat the lime juice, rind, butter and half the sugar. Leave to simmer for 1 min.
Whisk the eggs and the remaining sugar, and pour on the hot liquid. Whisk over the heat until it starts to boil. Add the drops of coloring.
Soften the gelatin in cold water, drain, melt and mix into the lime. Strain and pour into oval Flexipan® molds. Freeze.

Blueberry and blackcurrant disc

300 g blueberries
75 g blackcurrants
30 g confectioner's sugar
45 g dessert jelly
2 g lemon juice

Method

In a saucepan, heat the fruits to bring out their juice and incorporate the sugar.
Off the heat, add the dessert jelly and the lemon juice. Pour into oval Flexipans®. Freeze.

Jelly for coating the disc

300 g water
200 g granulated sugar
20 g gelatin sheets

Method

Heat the water and sugar.
Soften the gelatin in cold water, drain, melt and mix into the syrup. Set aside.

Lime punch

300 g basic syrup (recipe page 271)
100 g lime juice
50 g spring water

Method

Heat the lemon juice to 65°C. Off the heat, fold in the basic syrup, then add the water. Set aside.

Fromage frais mousse

180 g egg yolks
18 g gelatin sheets
800 g 35% fat liquid cream

18 g	de gélatine en feuilles
800 g	de crème liquide 35 % mg
225 g	de sucre semoule
800 g	de faisselle fromage frais 40 % mg
50 g	de meringue italienne (recette page 270)
400 g	de crème fouettée 35 % mg

Procédé

Mélanger au fouet les jaunes avec la moitié du sucre.
Faire chauffer la crème liquide avec le restant du sucre. Verser la crème chaude sur le mélange jaunes/sucre. Remettre sur feu doux et cuire jusqu'à 85°C. Chinoiser et redescendre en température à 40°C.
Ramollir la gélatine dans l'eau froide, l'égoutter, la faire fondre et l'incorporer à la crème anglaise.
À l'aide d'une spatule, mélanger délicatement la faisselle préalablement égouttée pour la rendre lisse, et l'incorporer à la crème anglaise collée à 25°C.
Mélanger la meringue italienne à la crème fouettée et incorporer le tout à la préparation.

Montage

À l'aide d'un pinceau chemiser les parois des moules ovales.
Garnir d'une fine épaisseur de mousse faisselle.
Faire prendre au froid (3-5 min).
Poser un biscuit madeleine préalablement imbibé de punch citron.
Mettre une fine épaisseur de mousse faiselle.
Poser le palet de crème citron vert congelé.
Garnir d'une fine couche de mousse de faiselle à nouveau.
Tremper le palet de myrtille et cassis congelé dans le sirop gélifié puis le poser sur une fine épaisseur de mousse faiselle.
Puis terminer le montage par un deuxième biscuit madeleine également imbibé de punch.
Poser une feuille de papier cuisson et une plaque sur l'entremets et mettre le tout à surgeler.

Finition

Démouler. Floquer au pistolet avec de l'appareil à chocolat blanc teinté la totalité de l'entremets puis renouveler l'opération avec un appareil teinté couleur citron vert sur les parties ondulées.
Décorer avec quelques myrtilles ou des cassis.

Nb : Le décor d'un entremets reste tout à fait personnel. Suivant la demande d'un client, les décors peuvent varier.

225 g	granulated sugar
800 g	40% fromage frais
50 g	Italian meringue (recipe page 270)
400 g	35% fat whipped cream

Method

Whisk the yolks with half the sugar.
Heat the liquid cream with the rest of the sugar. Pour the hot cream into the yolk/sugar mixture. Put back on a low heat and cook to 85°C. Strain and lower to a temperature of 40°C.
Soften the gelatin in cold water, drain, melt and fold into the custard.
Using a spatula, delicately mix the pre-drained fromage frais to make it smooth and mix in the thickened custard at 25°C.
Mix the Italian meringue with the whipped cream and incorporate everything into the preparation.

Assembly

Using a brush, line the sides of the oval molds.
Fill with a thin layer of fromage frais mousse.
Leave to set in the refrigerator (3-5 min).
Put down a madeleine sponge pre-soaked in lemon punch.
Add a thin layer of fromage frais mousse.
Put down the disc of frozen lime cream.
Add a thin layer of fromage frais mousse again.
Soak the frozen blueberry and blackcurrant disc in the gelled syrup then place it on a thin layer of fromage frais mousse.
Then finish assembling with a second madeleine sponge, also soaked in punch.
Place a piece of cooking paper and a baking sheet on the dessert and put everything to freeze.

Finish

Remove from the mold. Using a spray gun, apply white-colored chocolate spray mix all over the dessert to produce a flocked effect, then repeat with a lime-colored mix on the wavy parts.
Decorate with a few blueberries or blackcurrants.

Nb: The way a dessert is decorated is purely a matter of personal taste. Decorations can vary according to the customer's wishes.

30. Opéra thé vert
Green tea opera

Composition pour 20 personnes environ, cadre de 27 cm / 37 cm
Biscuit aux amandes (recette page 262)
Crème au beurre thé vert
Ganache opéra
Punch thé vert
Sucre vert
Glaçage opéra (recette page 272)

Ganache opéra
110 g de lait
80 g de chocolat ganache Force Noire 50 %
80 g de chocolat de couverture noir Concorde 66 %
50 g de beurre

Procédé
Faire chauffer le lait, puis redescendre en température à 85°C. Hacher les chocolats, tempérer le beurre à 20°C. Verser la moitié de la quantité du lait tempéré sur les chocolats hachés. Laisser fondre quelques secondes puis, à l'aide d'un fouet, mélanger de façon à réaliser une émulsion. Verser la partie restante du lait puis mélanger de nouveau. Faire redescendre en température la ganache le beurre tempéré à 45°C, puis ajouter sans incorporer d'air. Réserver.

Crème au beurre thé vert
60 g de blancs d'œufs
120 g de sucre semoule
315 g de lait
175 g de jaunes d'œufs
50 g de sucre semoule
575 g de beurre
40 g de thé vert en poudre
50 g de meringue italienne (recette page 270)

Procédé
Faire tiédir à 50°C, le lait avec et la moitié du sucre.
Mélanger au fouet les jaunes et le restant du sucre. Verser le lait sur le mélange jaunes/sucre. Faire cuire dans une casserole à feu doux jusqu'à 90°C pour obtenir une crème anglaise.
Incorporer le thé vert. Chinoiser la crème anglaise thé vert dans la cuve du batteur puis, à l'aide d'un fouet, faire augmenter de volume, ce qui aura pour effet de ramener cette préparation à 30/ 35°C.
Tempérer le beurre à 22°C puis l'incorporer progressivement au mélange. La crème obtenue doit devenir ferme et lisse.
Incorporer délicatement la meringue italienne à l'aide d'une palette.

Composition for about 20 people, in a 27 cm/37 cm frame.
Opera ganache (recipe page 262)
Green tea butter cream
Green sugar
Green tea punch
Almond sponge
Opera frosting (recipe page 272)

Opera ganache
110 g milk
80 g 50% Force Noire ganache chocolate
80 g 66% Concorde dark chocolate couverture
50 g butter

Method
Heat the milk, then lower the temperature to 85°C.
Chop up the chocolates, temper the butter at 20°C. Pour half the quantity of tempered milk onto the chopped-up chocolates.
Leave to melt for a few seconds then, using a whisk, mix to create an emulsion. Pour on the remainder of the milk then mix again. Lower the temperature of the ganache and the tempered butter to 45°C, then add without mixing any air in. Set aside

Green tea butter cream
60 g egg whites
120 g granulated sugar
315 g milk
175 g egg yolks
50 g granulated sugar
575 g butter
40 g powdered green tea
50 g Italian meringue (recipe page 270)

Method
Warm the milk with half the sugar to 50°C.
Whisk the yolks with the rest of the sugar. Pour the milk onto the yolks/sugar mixture. Cook in a saucepan over a low heat to 90°C to obtain a custard.
Mix in the green tea. Strain the green tea custard into the mixer bowl then whisk to increase volume, which will bring the preparation back down to 30/35°C.
Temper the butter at 22°C then gradually add to the mixture. The cream obtained should become firm and smooth.
Delicately mix in the Italian meringue using a palette knife.

Sucre vert

250 g de sucre glace (spécial décor)
25 g de poudre de cacao Brut Extra
30 gtes de colorant vert

Procédé

Tamiser ensemble le sucre glace avec le cacao poudre. Incorporer les gouttes de colorant vert, puis mélanger à la spatule afin d'obtenir une poudre colorée. Tamiser encore.
Réserver.

Punch thé vert

100 g d'eau de source
250 g de sirop de base (recette page 271)
10 g de thé vert en poudre

Procédé

Faire chauffer l'eau avec le sirop jusqu'à frémissement. Incorporer le thé vert, et laisser infuser à couvert 5 min.
Chinoiser et laisser refroidir.
Réserver.

Montage d'un cadre

Chablonner la première feuille de biscuit aux amandes avec l'appareil chocolat noir pour l'isoler. Faire durcir au froid, retourner la feuille de biscuit aux amandes isolé puis l'imbiber avec 125 g de punch thé vert.
Étaler 225 g de crème au beurre thé vert préalablement lissée (22°C).
Poser une deuxième feuille de biscuit, puis l'imbiber de punch thé vert.
Verser et étaler 260 g seulement de ganache opéra. Laisser prendre quelques minutes pour obtenir une consistance crémeuse.
Poser la troisième feuille de biscuit, puis l'imbiber du punch restant.
Étaler la dernière épaisseur de crème au beurre thé vert, lisser à hauteur du cadre. Faire prendre à 4°C.

Décor et finition

Décadrer.
Relisser avec le restant de crème au beurre plus souple puis glacer avec le glaçage opéra tempéré à 30 /35°C.
À l'aide d'un couteau chaud, détailler des portions individuelles ou de grosses pièces.
Au cornet, écrire en chocolat : « opéra » ; réaliser deux bandes de poudre de sucre vert de 2 cm sur une longueur et une largeur de l'entremets, et décorer de feuilles d'or.
Réserver au frais.

Green sugar

250 g confectioner's sugar (special decoration)
25 g Brut Extra cocoa powder
30 drops green coloring

Method

Sift the confectioner's sugar with the cocoa powder. Incorporate the drops of green coloring, then mix with a spatula to obtain a colored powder. Sift again.
Set aside.

Green tea punch

100 g spring water
250 g basic syrup (recipe page 271)
10 g powdered green tea

Method

Heat the water with the syrup until it simmers. Incorporate the green tea, and leave to infuse with a lid on for 5 min.
Strain and leave to cool.
Set aside.

Assembling a frame

Stencil the first sheet of almond sponge with dark chocolate spray mix to separate it. Leave to harden in the refrigerator, turn over the sheet of separated almond sponge then soak in 125 g of green tea punch.
Spread 225 g of green tea butter cream that has first been beaten to a smooth consistency (22°C).
Put down a second sheet of sponge, then soak in green tea punch.
Pour and spread on 260 g only of opera ganache. Leave to set for a few minutes to obtain a creamy consistency.
Put down the third sheet of sponge, then soak in the remaining punch.
Spread on the last layer of green tea butter cream, smooth to the top of the frame. Leave to set at 4°C.

Decoration and finish

Remove from the frame.
Smooth over with the rest of the butter cream, softer this time, then ice over with opera frosting tempered at 30 /35°C.
Using a hot knife, cut into individual portions or large pieces.
Using a frosting bag, write in chocolate the word "opera"; make two 2-cm strips of green sugar powder along one length and one width of the dessert and decorate with gold leaves.
Set aside.

31. Brownie à la fève de Tonka
Tonka bean brownie

Composition pour 20 personnes, carré de 18 cm
Pâte à brownie
Crème « blanc-manger » chocolatée
Ganache parfumée à la fève de Tonka
Appareil chocolat noir

Décors
Perles argentées

Pâte à brownie
225 g de farine
500 g de chocolat de couverture noir Concorde 66 %
500 g de sucre semoule
2 g de sel fin
12 g de vanille liquide
425 g de beurre
220 g de crème liquide 35 % mg
325 g d'œufs entiers
50 g d'orange confite
150 g de noix de pécan
50 g de noisettes entières

Procédé
Faire fondre le chocolat. Mettre le beurre à température à 22°C. Concasser les noix de pécan, les noisettes préalablement grillées ; hacher finement les oranges confites, puis mélanger le tout. À l'aide d'un fouet, mélanger les œufs entiers, le sel et le sucre. Ajouter la crème liquide, la vanille liquide.
Mélanger le chocolat fondu avec le beurre tempéré. Verser progressivement le mélange chocolat/beurre dans le mélange œufs, sucre et crème, puis mélanger au fouet. Incorporer la farine préalablement tamisée et le mélange de fruits à l'aide d'une spatule. Verser dans un moule carré de 3 cm de hauteur et enfourner à 165°C pendant 30 min.

Nb : le brownie doit avoir une cuisson très moelleuse.

Crème « blanc-manger » chocolatée
300 g de lait
50 g de sucre semoule
100 g de chocolat de couverture noir Ultime 70 %
40 g de sirop d'orgeat
10 g de gélatine en feuilles
300 g de crème liquide 35 % mg

Procédé
Faire chauffer le lait avec le sucre et le sirop d'orgeat à 85°C.

Composition for 20 people, 18 cm square
Brownie dough
Chocolate "blancmange" cream
Tonka-bean flavored ganache
Chocolate velvet mix

Decoration
Silvered pearls

Brownie dough
225 g flour
500 g 66% Concorde dark chocolate couverture
500 g granulated sugar
2 g fine salt
12 g liquid vanilla
425 g butter
220 g 35% fat liquid cream
325 g whole eggs
50 g candied orange
150 g pecans
50 g whole hazelnuts

Method
Melt the chocolate.
Bring the butter to a temperature of 22°C.
Crush the pre-toasted pecans and hazelnuts; chop up the candied orange finely, then mix everything together.
Using a whisk, mix the whole eggs, salt and sugar. Add the liquid cream and liquid vanilla.
Mix the melted chocolate with the tempered butter. Gradually pour the chocolate/butter mixture into the egg, sugar and cream mixture then whisk together. Incorporate the pre-sifted flour and the fruit mixture with the help of a spatula. Pour into a square mold 3 cm high and place in the oven at 165°C for 30 min.

Nb: the brownie should have a very soft consistency once cooked.

Chocolate "blancmange" cream
300 g milk
50 g granulated sugar
100 g 70% Ultime dark chocolate couverture
40 g barley syrup
10 g gelatin sheets
300 g 35% fat liquid cream

Method
Heat the milk with the sugar and the barley syrup to 85°C.

Procédé

Dans une poêle, faire fondre le beurre, puis ajouter la julienne de carotte, et parsemer de sucre. Laisser ressortir le jus de cuisson. Après 10 min de cuisson, ajouter la julienne de pomme, mélanger délicatement pendant la cuisson. Après de nouveau 10 min, ajouter la julienne d'orange, puis laisser cuire à feu doux, sans coloration afin d'obtenir un compoté (les fruits doivent rester entiers).
En fin de cuisson, incorporer le jus de citron pour faire ressortir les saveurs.
Garnir les empreintes d'un Flexiplan® insert ronds de 1 cm d'épaisseur. Surgeler.

Parfait Grand Marnier®

135 g	de sucre semoule
35 g	d'eau
20 g	de jus d'orange frais
165 g	de jaunes d'œufs
400 g	de crème liquide 35 % mg
50 g	de Grand Marnier®
2	oranges fraîches
10 g	de gélatine en feuilles

Procédé

Faire cuire l'eau, le jus d'orange et le sucre à 121°C.
Au batteur, à l'aide du fouet, monter les jaunes et les œufs, puis verser le sucre cuit.
Zester les oranges, puis les incorporer au mélange chaud. Faire refroidir au fouet cette pâte à bombe à l'orange jusqu'à 25°C.
Ramollir la gélatine dans l'eau froide, l'égoutter, la faire fondre et l'incorporer au fouet à la pâte à bombe. Ajouter la crème préalablement fouettée.
Incorporer délicatement le restant de crème fouettée.

Mousse chocolat au lait

600 g	de chocolat de couverture lait Élysée 36 %
350 g	de crème liquide 35 % mg
25 g	de sirop de glucose
18 g	de gélatine en feuilles
700 g	de crème liquide 35 % mg

Procédé

Faire bouillir les 350 g de crème liquide avec le sirop de glucose.
Hacher le chocolat. Chinoiser puis verser la moitié du liquide à 85°C sur le chocolat haché. Mélanger au fouet pour réaliser une ganache.

Method

In a fry pan, melt the butter then add the carrot julienne and sprinkle with sugar. Allow the cooking juice to come out. After cooking for 10 min., add the apple julienne, mix delicately while cooking. After another 10 min., add the orange julienne, then allow to cook over a low heat, without browning, to produce a compote (the fruits should remain whole).
At the end of cooking, add the lemon juice to bring out the flavors.
Fill the round inserts of a Flexiplan® tray 1 cm thick. Freeze.

Grand Marnier parfait

135 g	granulated sugar
35 g	water
20 g	fresh orange juice
165 g	eggs yolks
400 g	35% fat liquid cream
50 g	Grand Marnier®
2	fresh oranges
10 g	gelatin sheets

Method

Cook the water, orange juice and sugar at 121°C.
In a mixer, whisk the yolks and the eggs then pour on the cooked sugar.
Remove the rind from the oranges, then fold them into the hot mixture. Cool this orange bombe dough with a whisk to a temperature of 25°C.
Soften the gelatin in cold water, drain, melt and whisk into the bombe dough. Add the pre-whisked cream and whisk briskly.
Delicately mix in the rest of the whipped cream.

Milk chocolate mousse

600 g	36% Élysée milk chocolate couverture
350 g	liquid cream
25 g	glucose syrup
18 g	gelatin sheets
700 g	35% fat liquid cream

Method

Boil the 350 g of liquid cream with the glucose syrup.
Chop up the chocolate. Strain then pour half of the liquid at 85°C onto the chopped chocolate. Whisk to create a ganache.
Pour on the remainder of the liquid then lower to 40°C.
Soften the gelatin in cold water, drain, melt, then mix into the ganache.

Verser le restant du liquide puis laisser redescendre à 40°C.
Ramollir la gélatine dans l'eau froide, l'égoutter, la faire fondre puis l'incorporer à la ganache.
Monter les 700 g de crème puis, à l'aide d'un fouet, l'incorporer délicatement à la ganache.

Coulis Pabana

500 g	de pulpe de fruit Pabana
15 g	de gélatine en feuilles
80 g	de sucre inverti

Procédé

Faire chauffer à 65°C la moitié de la pulpe de fruit avec le sucre et y incorporer le restant de pulpe de fruit.
Ramollir la gélatine dans l'eau froide, l'égoutter, la faire fondre et l'incorporer à la purée de fruits tempérée à 40°C.
Couler dans des empreintes Flexiplan® ronds. Surgeler.

Montage

Fixer une bande de rodhoïd contre la paroi des cercles.
Détailler une bande de biscuit imprimé, parfumé aux épices, à 3,5 cm de hauteur.
Fixer cette bande contre la paroi du cercle, faire chevaucher les deux extrémités des biscuits. Puis, à l'aide d'un couteau, couper l'excédent.
Poser au fond du cercle une fine tranche de biscuit pain d'épice, l'imbiber de punch orange.
Garnir d'une épaisseur de mousse chocolat au lait.
Poser un palet de fruits congelé.
À l'aide d'une poche à douille, garnir le pourtour du palet avec de la mousse au lait.
Poser un second biscuit pain d'épice imbibé de punch et l'enfoncer légèrement.
Garnir d'une fine épaisseur de mousse Grand Marnier®.
Poser et fixer le palet de fruit Pabana congelé. Garnir et lisser à hauteur de mousse orange. Surgeler.
Relisser, à l'aide d'une palette, de mousse Grand Marnier® plus souple pour obtenir un entremets bien plat. Surgeler.

Décors et finition

Décercler.
À l'aide de glaçage neutre, légèrement teinté de quelques gouttes de colorant orange, et tiédi, glacer la surface. Retirer le rodhoïd et décorer de tranches d'orange séchée.

Nb : le décor d'un entremets reste tout à fait personnel. Suivant la demande d'un client, les décors peuvent varier.

Whip the 700 g of cream then delicately whisk into the ganache.

Pabana coulis

500 g	Pabana fruit pulp
15 g	gelatin sheets
80 g	invert sugar

Method

Heat half the fruit pulp with the sugar to 65°C then add the rest of the fruit pulp.
Soften the gelatin in cold water, drain, melt then mix into the fruit puree tempered at 40°C.
Pour into round Flexiplan® molds.
Freeze.

Assembly

Attach a strip of rhodoid to the sides of the rings.
Cut out a strip of spice-flavored printed sponge to 3.5 cm high.
Attach this strip to the sides of the ring, overlap the two ends of the sponge, join together then, using a kitchen knife, trim off the excess.
Place a thin slice of spice bread sponge in the bottom of the ring, soak in orange punch.
Fill with a layer of chocolate milk mousse.
Put down a disc of frozen fruits, attach to the sponge.
Using a frosting bag with a nozzle, garnish the edge of the disc with milk mousse.
Attach a second punch-soaked spice bread sponge and press it down slightly.
Fill with a thin layer of Grand Marnier® mousse.
Position and attach the frozen fruit Pabana disc.
Fill to the top with orange mousse and smooth over. Freeze.
Using a palette knife, smooth over the top with softer Grand Marnier® mousse to give the dessert a flat surface.
Freeze.

Decoration and finish

Remove from the ring.
Using neutral frosting, slightly tinted with a few drops of warmed orange coloring, ice the surface. Remove the rhodoid and decorate with slices of dried orange.

Nb: the way a dessert is decorated is purely a matter of personal taste. Decorations can vary according to the customer's wishes.

33. Croquant au chocolat et gingembre

Chocolate and ginger crunch

Composition pour 3 entremets de 6/8 personnes montage sans cercle

Pâte sablée au chocolat
Pâte à choux au chocolat
Biscuit chocolat sans farine (recette page 261)
Disque de chocolat
Ganache au chocolat gingembre
Palet de ganache
Glaçage chocolat (recette page 272)
Appareil chocolat noir (recette page 271)

Pâte sablée chocolat

35 g d'œufs entiers
1 g de sel fin
150 g de beurre
200 g de sucre glace
2 g de sucre vanillé
200 g de farine
35 g de cacao poudre Brut Extra
150 g de chocolat de couverture noir Favorites mi-amère 66 %

Procédé

À l'aide d'un fouet, faire dissoudre le sel dans l'œuf entier.
Malaxer le beurre (10 à 12 °C). Incorporer au beurre le sucre glace, le sucre vanillé. Malaxer l'ensemble en 1re vitesse.
Tamiser la farine avec la poudre de cacao. Concasser le chocolat en drops. Verser l'œuf battu avec 1/3 du poids du mélange farine/cacao. Pétrir de nouveau en 1re vitesse.
Lorsque le mélange devient uniforme, incorporer le restant du mélange farine/cacao.
Incorporer les drops de chocolat. Pétrir sans trop travailler la pâte, et ce, pour éviter de lui donner de l'élasticité. Former un pâton de pâte carré de 2 cm d'épaisseur, recouvrir d'un film plastique. Laisser reposer 2 h à 3°C avant de l'étaler.

Réalisation des abaisses

Réaliser des abaisses au laminoir à 2,5 et 18 cm de diamètre.
À l'aide d'un pique-vite, piquer les abaisses pour qu'elles gardent une surface plane pendant la cuisson.
Enfourner à 165°C pendant 15 min. Dès la sortie du four, laisser refroidir.
Réserver.

Pâte à choux chocolat

210 g de lait

Composition for 3 desserts serving 6/8 people assembly without a ring

Chocolate sable dough
Chocolate pate a choux dough
Flourless chocolate sponge (recipe page 261)
Chocolate disc
Chocolate ginger ganache
Ganache disc
Chocolate frosting (recipe page 272)
Dark chocolate mix (recipe page 271)

Chocolate sable dough

35 g whole eggs
1 g fine salt
150 g butter
200 g confectioner's sugar
2 g vanilla sugar
200 g flour
35 g Brut Extra cocoa powder
150 g 66% semi-bitter Favorites dark chocolate couverture

Method

Using a whisk, dissolve the salt in the whole egg.
Cream the butter (10 to 12 °C). Mix the confectioner's sugar and vanilla sugar into the butter. Soften the mixture at low speed.
Sift the flour with the cocoa powder. Crush the chocolate into drops. Pour on the beaten egg with 1/3 of the weight of the flour/cocoa mixture. Knead again at low speed. Once the mixture is smooth, incorporate the rest of the flour/cocoa mixture.
Add the chocolate drops. Knead without working the dough too much, to avoid it becoming too elastic. Form a square piece of dough 2 cm thick, cover in plastic wrap. Leave to rest for 2 hours at 3°C before spreading.

Rolling out the dough

Roll out dough pieces to 2.5 and 18 cm in diameter. Using a dough docker, prick the dough so that the surface stays flat during cooking.
Place in the oven at 165°C for 15 min. Once out of the oven, leave to cool. Set aside.

Chocolate pate a choux dough

210 g milk

200 g d'eau
25 g de sucre semoule
2 g de sel fin
180g de beurre
190 g de farine
45 g de poudre de cacao Brut Extra
420 g d'œufs entiers

Procédé
Faire bouillir le lait, l'eau, le sel, le sucre et le beurre coupé en morceaux, remuer de temps en temps à l'aide d'un fouet.
Tamiser la farine avec la poudre de cacao puis verser, hors du feu, dans le liquide.

Nb : le mélange doit se faire rapidement au fouet.

Remettre sur la source de chaleur et dessécher à l'aide d'une spatule pour former une pâte : la panade.
Transvaser la panade dans une bassine inox à fond rond, puis incorporer 1/3 des œufs battus au fouet et renouveler l'opération deux fois (cette méthode permet d'éviter la formation de grains).

Nb : si la pâte est trop épaisse ajouter un ou deux œufs supplémentaires ou et un peu de lait chaud. La texture doit être un peu coulante mais pas trop épaisse.

À l'aide d'une poche à douille n° 8, réaliser des petits choux. Saupoudrer de sucre glace. Enfourner dans un four à sol à 180°C pendant 25 à 30 min. Dès la sortie du four, laisser refroidir sur grille.
Réserver.

Palet de ganache
160 g de chocolat de couverture noir Favorites mi-amère 58 %
25 g de pâte de cacao Grand Caraque
170 g de crème liquide 35 % mg
270 g de lait
20 g de jaunes d'œufs
85 g d'œufs entiers

Procédé
Faire bouillir la crème.
Hacher le chocolat et la pâte de cacao. Chinoiser, puis verser la moitié du liquide à 85°C sur le chocolat haché. Mélanger au fouet pour réaliser une ganache. Verser le restant du liquide puis laisser redescendre la température à 40°C.
Mélanger au fouet les jaunes d'œufs avec les œufs, puis les verser sur la ganache chocolat tout en remuant au fouet.

200 g water
25 g granulated sugar
2 g fine salt
180g butter
190 g flour
45 g Brut Extra cocoa powder
420 g whole eggs

Method
Boil the milk, water, salt, sugar and the butter cut into pieces, stirring occasionally with a whisk.
Sift the flour with the cocoa powder then pour into the liquid, off the heat.

Nb: whisk rapidly to mix.

Put back on the heat and dry out using a spatula to form a paste: the panade.
Decant the panade into a stainless steel basin with a round bottom, then whisk in 1/3 of the beaten eggs and repeat twice (this method prevents the formation of lumps).

Nb: if the paste is too thick, add one or two extra eggs and a little hot milk. The texture should be a little runny but not too thick.

Using a frosting bag with a no. 8 nozzle, create small choux shapes. Sprinkle with confectioner's sugar. Place in a deck oven at 180°C for 25 to 30 min. Once out of the oven leave to cool on a rack.
Set aside.

Ganache disc
160 g 58% semi-bitter Favorites dark chocolate couverture
25 g Grand Caraque cocoa paste
170 g 35% fat liquid cream
270 g milk
20 g egg yolks
85 g whole eggs

Method
Boil the cream.
Chop the chocolate and the cocoa paste. Strain, then pour half the liquid at 85°C onto the chopped chocolate. Whisk to form a ganache. Pour on the rest of the liquid then allow the temperature to drop to 40°C.
Whisk the egg yolks with the eggs, then pour on the chocolate ganache while stirring with a whisk. Pour into round Flexiplan® molds 16 cm in diameter and place in the oven at 90°C for

34. Mont d'Auvergne
Mont d'Auvergne

Composition pour 3 entremets de 6/8 personnes en moules souples demi-sphères
Dacquoise noix et noisettes (voir page 263)
Mousse marron
Palets de ganache marron
Débris de marron
Appareil chocolat noir et vert
Caramel coulant châtaigne

Décor
Vrilles en chocolat (recette page 273)

Mousse marron
150 g de crème liquide 35 % mg
115 g d'eau
750 g de pâte de marron
15 g de gélatine en feuilles
70 g de whisky
600 g de crème fouettée 35 % mg
35 g de liqueur de châtaigne

Procédé
Faire bouillir la crème et l'eau.
Faire légèrement tiédir la pâte de marron. Incorporer une partie du liquide, puis détendre à l'aide d'un mixeur, incorporer progressivement le restant du liquide.
Ramollir la gélatine dans l'eau froide, l'égoutter, la faire fondre puis l'incorporer à la pâte de marron détendue.
Ajouter le whisky et la liqueur de châtaigne. Puis au fouet, incorporer en deux fois la crème fouettée.

Palets de ganache marron
95 g de crème liquide 35 % mg
100 g de chocolat de couverture lait Élysée 36 %
460 g de pâte de marron
3 g de gélatine en feuilles
35 g de whisky
300 g de couverture noire Ultime 70 % tempérée

Procédé
Faire bouillir la crème.
Verser en la moitié sur la pâte de marron, puis détendre cette masse à l'aide d'un fouet, incorporer le restant de la crème.
Ajouter le chocolat fondu, et mélanger énergiquement.
Ramollir la gélatine dans l'eau froide, l'égoutter, la faire fondre puis l'incorporer au mélange.
Ajouter le whisky. Réserver.
Étaler, sur une feuille « guitare », une très fine couche de

Composition for 3 desserts serving 6/8 people in soft half-sphere molds
Walnut and hazelnut dacquoise (see page 263)
Chestnut mousse
Chestnut ganache discs
Chestnut fragments
Black and green chocolate spray
Runny caramel with chestnut

Decoration
Chocolate spirals (recipe page 273)

Chestnut mousse
150 g 35% fat liquid cream
115 g water
750 g chestnut paste
15 g gelatin sheets
70 g whisky
600 g 35% fat whipped cream
35 g chestnut liqueur

Method
Boil the cream and water.
Warm the chestnut paste slightly. Incorporate a part of the liquid, then dilute using a mixer and gradually add the rest of the liquid.
Soften the gelatin in cold water, drain, melt, then add to the diluted chestnut paste.
Add the whisky and the chestnut liqueur. Then whisk in the whipped cream in two stages.

Chestnut ganache discs
95 g liquid cream
100 g 36% Élysée milk chocolate couverture
460 g chestnut paste
3 g gelatin sheets
35 g whisky
300 g tempered 70% Ultime dark chocolate couverture

Method
Boil the cream.
Pour half of the liquid onto the chestnut paste, then dilute this mixture using a whisk, adding the rest of the cream.
Add the melted chocolate, and mix briskly.
Soften the gelatin in the cold water, drain, melt, then add to the mixture.
Add the whisky. Set aside.
Spread a very fine layer of tempered chocolate couverture

chocolat de couverture tempérée. Laisser cristalliser légèrement puis poser un chablon de 4 mm sur 14 cm de diamètre et le garnir de ganache chocolat marron. Laisser durcir au réfrigérateur pendant 1 h.
Étaler une fine couche de couverture tempérée sur la ganache refroidie. Laisser durcir de nouveau au réfrigérateur. Ceci à pour but d'isoler les deux côtés de la ganache marron.
Passer une lame de couteau tiède sur le pourtour pour décoller les palets chocolatés.
Réserver au frais.

Caramel coulant à la crème de gentiane-châtaigne

150 g de sucre semoule
100 g de sirop de glucose
100 g de crème liquide 35 % mg
40 g de crème de gentiane-châtaigne
2 g de gélatine en feuilles

onto a polyethylene sheet. Allow to crystallize slightly then position a stencil 4 mm by 14 cm in diameter and fill with chocolate chestnut ganache. Smooth over and harden in the refrigerator for 1 hour.
Spread a thin layer of tempered couverture onto the cooled ganache. Leave to harden again in the refrigerator. This is to separate the two sides of the chestnut ganache.
Go around the edges with a warm knife to unstick the chocolate discs.
Keep in the refrigerator.

Runny caramel with gentian-chestnut cream

150 g granulated sugar
100 g glucose syrup
100 g 135% fat liquid cream
40 g gentian-chestnut cream
2 g gelatin sheets

Procédé

Dans une casserole, sur feu doux, verser une partie du sucre semoule, laisser dissoudre et prendre de la couleur, puis renouveler l'opération avec le restant du sucre pour obtenir un caramel à sec. Incorporer le sirop de glucose chaud. Faire recuire l'ensemble 2 à 3 min.
Hors du feu, décuire avec une partie de la crème préalablement bouillie. Verser progressivement le restant de crème liquide.
Ramollir la gélatine dans l'eau froide, l'égoutter, la faire fondre puis l'incorporer au mélange.
Laisser redescendre en température, puis introduire la crème de gentiane-châtaigne.
Chinoiser puis réserver.

Montage de l'entremets à l'envers

Pour réaliser une forme en creux au démoulage, poser un ustensile de forme ronde (tel qu'un moule à brioche à tête, une pomme...) sous une empreinte Flexipan® demi-sphères.
À l'aide d'un pinceau, badigeonner toute la surface avec de la mousse marron. Faire durcir au surgélateur.
À l'aide d'une poche à douille, garnir de mousse marron et réaliser une surface plane.
Disposer les débris de marron et poser un palet chocolaté de ganache marron.
Garnir d'une très fine épaisseur de mousse marron.
Poser un second palet chocolaté de ganache marron.
Garnir à nouveau de mousse marron.
Poser le troisième et dernier palet chocolaté de ganache marron.
Garnir de mousse marron et de débris de marron puis terminer le montage avec un fond de dacquoise.
Surgeler.

Décors et finition

Décoller de façon à retirer la demi-sphère en Flexiplan®.
Retourner l'entremets pour apercevoir le creux réalisé par l'ustensile rond. Réserver de nouveau l'entremets au surgélateur.
À l'aide d'un pistolet, floquer l'entremets avec un appareil de couleur marron pour réaliser un aspect velours sur toute la surface. Puis, floquer légèrement avec un appareil de couleur verte, pour donner un aspect de verdure sur le dessus (du creux). Floquer de nouveau l'entremets avec un appareil légèrement marron clair.
Surgeler.
Poser l'entremets sur carton or. Verser dans le creux de l'entremets du caramel coulant à la crème de châtaigne.

Method

Over a low heat, pour a part of the granulated sugar into a saucepan, leave to dissolve and brown, then repeat the operation with the rest of the sugar to obtain a caramel without liquid. Incorporate the hot glucose syrup. Cook again for 2 to 3 min.
Away from the heat, dilute with a part of the cream (this should be boiled beforehand). Gradually pour on the rest of the liquid cream.
Soften the gelatin in cold water, drain, melt, then add to the mixture.
Allow the temperature to drop then introduce the gentian-chestnut cream.
Strain then set aside.

Assembling the dessert upside-down

To create a hollow shape on unmolding, place a round-shaped utensil (like a brioche mold with a "head", an apple...) under a Flexipan® half-sphere mold.
Using a brush, dab the entire surface with chestnut mousse. Harden in the freezer.
Using a frosting bag with a nozzle, fill with chestnut mousse and create a flat surface.
Arrange the chestnut fragments and place a chestnut ganache chocolate disc on top.
Fill with a very thin layer of chestnut mousse.
Place a second chestnut ganache chocolate disc on top.
Fill with chestnut mousse again
Position the third and last chestnut ganache chocolate disc.
Fill with chestnut mousse and chestnut fragments then finish assembly with a dacquoise base.
Freeze.

Decoration and finish

Unstick to remove the Flexiplan® half-sphere. Turn the dessert over to show the hollow created by the round utensil. Place the dessert in the freezer again.
Using a spray gun, spray the dessert with a chestnut-colored mix to create a velvety appearance across the entire surface. Then, lightly spray with a green-colored mix, to give an appearance of greenery on the top (of the hollow). Finally, spray again with a light chestnut-colored mix.
Freeze.
Place the dessert on a piece of gold cardboard.
Pour the runny caramel with chestnut cream into the hollow of the dessert.

35. Pavé aux noisettes
Hazelnut pave

Composition pour 4 entremets de 6/8 personnes
Dacquoise noisette (recette page 263)
Palet croustillant au praliné et fruits secs
Crème légère pralinée
Éclats de chocolat noir (recette page 273)
Appareil chocolat lait (recette page 271)
Caramel coulant

Décor
Noisettes caramélisées (recette page 49)
Feuille d'or

Palet croustillant au praliné et fruits secs
200 g de crème liquide 35 % mg
20 g de sucre inverti
100 g de chocolat de couverture lait
175 g de pâte de noisette
40 g de noisettes grillées
40 g d'amandes brutes grillées
40 g de noisettes caramélisées

Procédé
Faire chauffer à 85°C, la crème avec le sucre inverti.
Hacher le chocolat, puis verser la moitié de la crème chaude. Mélanger au fouet, puis reverser le restant de la crème. Verser sur la pâte de noisette, mélanger à nouveau au fouet.
Concasser les fruits secs, puis les incorporer à la masse de base. Étaler cette masse sur un carré de 29 cm de dacquoise noisette.
Surgeler.

Caramel coulant
150 g de sucre semoule
100 g de sirop de glucose
125 g de crème liquide 35 % mg

Procédé
Dans une casserole, sur feu doux, verser une partie du sucre semoule, laisser dissoudre et prendre de la couleur, puis renouveler l'opération avec le restant du sucre pour obtenir un caramel à sec.
Incorporer le sirop de glucose chaud. Faire recuire l'ensemble 2 à 3 min. Hors du feu, décuire avec de la crème préalablement bouillie. Laisser redescendre en température.
Chinoiser puis réserver.

Crème légère pralinée
250 g de lait

Composition for 4 desserts serving 6/8 people
Hazelnut dacquoise (recipe page 263)
Crispy disc with praline and dried fruits
Praline-flavored light cream
Dark chocolate fragments (recipe page 273)
Milk chocolate mix (recipe page 271)
Runny caramel

Decoration
Caramelized hazelnuts (recipe page 49)
Gold sheet

Crispy disc with praline and dried fruits
200 g 35% fat liquid cream
20 g invert sugar
100 g milk chocolate couverture
175 g hazelnut paste
40 g toasted hazelnuts
40 g toasted raw almonds
40 g caramelized hazelnuts

Method
Heat the cream with the invert sugar at 85°C.
Chop up the chocolate, then pour on half the hot cream. Mix with a whisk, then pour on the rest of the cream. Pour onto the hazelnut paste, and mix again with a whisk.
Crush the dried fruits, then add to the basic mix. Spread this mix onto a 29 cm square of hazelnut dacquoise.
Freeze.

Runny caramel
150 g granulated sugar
100 g glucose syrup
125 g 35% fat liquid cream

Method
In a saucepan, over a low heat, pour a part of the granulated sugar, allow to dissolve and brown, then repeat with the rest of the sugar to obtain a caramel without adding liquid.
Incorporate the hot glucose syrup. Cook for 2 to 3 min. Away from the heat, dilute with the cream after boiling this first.
Allow to drop in temperature.
Strain then set aside.

Praline-flavored light cream
250 g milk
60 g granulated sugar
65 g egg yolks

14 g^tes de colorant vert
4 g^tes de colorant jaune
2 g^tes de colorant noir

Procédé
Mélanger 10 min au fouet les jaunes d'œufs, le sucre, la pâte de pistache et les gouttes des colorants.
Monter les blancs et les serrer avec le sucre puis les incorporer délicatement au mélange. Rajouter délicatement la farine et la fécule préalablement tamisées.
Verser sur 2 plaques de 30 cm par 45 cm et cuire à 165°C pendant 12 min. Dès la sortie du four, laisser refroidir sur grille, puis filmer. Réserver.

Pour isoler le biscuit
125 g de pâte à glacer blanche
100 g de beurre de cacao
QS de colorant à chocolat vert

Procédé
Faire fondre séparément le beurre de cacao et la pâte à glacer. Mélanger ensemble les ingrédients puis teinter légèrement. Réserver.

Mousse framboise
300 g de pulpe de framboise
80 g de sucre semoule
30 g de poudre à flan
60 g de jaunes d'œufs
50 g de beurre Mycryo
500 g de crème liquide 35 % mg

Procédé
Faire chauffer la pulpe de framboise avec la moitié du sucre. Mélanger au fouet les jaunes d'œufs avec le sucre. Incorporer la poudre à flan. Verser la pulpe chaude sur le mélange et faire cuire 1min après ébullition. En fin de cuisson ajouter le beurre Mycryo. Faire redescendre en température à 22°C puis incorporer la crème fouettée.

Mousse pistache
250 g de crème pâtissière vanille (recette page 267)
50 g de pâte de pistache
55 g de beurre Mycryo
20 g de kirsch
300 g de crème liquide 35 % mg

14 drops green coloring
4 drops yellow coloring
2 drops black coloring

Method
Whisk the egg yolks, sugar, pistachio paste and colorings together for 10 min.
Whisk the whites with the sugar until stiff then delicately incorporate into the mixture. Delicately mix in the flour and the pre-sifted starch.
Pour onto 2 sheets 30 cm by 45 cm and cook at 165°C for 12 min. Once out of the oven, leave to cool on a rack, then cover in plastic wrap. Set aside.

To protect the sponge
125 g white frosting paste
100 g cocoa butter
SQ green chocolate coloring

Method
Melt the cocoa butter and the frosting paste separately. Mix the ingredients together then color slightly.
Set aside.

Raspberry mousse
300 g raspberry pulp
80 g granulated sugar
30 g flan powder
60 g egg yolks
50 g Mycryo butter
500 g 35% fat liquid cream

Method
Heat the raspberry pulp with half the sugar. Whisk the egg yolks with the sugar.
Mix in the flan powder. Pour the hot pulp onto the mixture and cook for 1 min. after boiling. At the end of cooking add the Mycryo butter. Lower the temperature to 22°C then mix in the whipped cream.

Pistachio mousse
250 g Vanilla pastry cream (recipe page 267)
50 g pistachio paste
55 g Mycryo butter
20 g kirsch
300 g 35% fat liquid cream

Procédé

Faire chauffer la crème pâtissière à 40°C, mélanger au fouet pour la rendre lisse. Ajouter la pâte de pistache, lisser à nouveau. Incorporer le beurre Mycryo. Redescendre la température à 25°C puis ajouter l'alcool.
Monter la crème, puis l'incorporer délicatement à la préparation.

Crème pistache

- 400 g de pâte d'amande blanche 50%
- 150 g de pâte de pistache
- 70 g de blancs d'œufs
- 50 g de beurre
- 15 g de kirsch
- 3 g de gélatine en feuilles
- 3 g[tes] de colorant vert

Procédé

Au cutter, lisser la pâte d'amande en ajoutant la pâte de pistache. Incorporer progressivement les blancs d'œufs tempérés à 20°C. Tempérer également le beurre à 20°C, puis l'ajouter au mélange.
Ramollir la gélatine dans l'eau froide, l'égoutter, la faire fondre puis l'incorporer au mélange. Teinter la masse avec les gouttes de colorant vert puis ajouter le kirsch.
Réserver.

Gelée framboise

- 280 g de pulpe de framboise
- 40 g de sucre inverti
- 10 g de gélatine en feuilles
- 5 g d'alcool de framboise

Procédé

Faire chauffer la moitié de la pulpe de framboise à 65°C. Puis faire redescendre en température à 40°C. Ajouter le sucre inverti, le restant de la pulpe de framboise puis mélanger. Ramollir la gélatine dans l'eau froide, l'égoutter, la faire fondre puis l'incorporer au mélange. À 30 °C, incorporer l'alcool de framboise. Réserver.

Punch framboise

- 270 g de sirop de base (recette page 271)
- 80 g d'eau de source
- 80 g de pulpe de framboise
- 20 g d'alcool de framboise

Method

Heat the pastry cream to 40°C, whisk until smooth. Add the pistachio paste, smooth over again.
Incorporate the Mycryo butter. Lower the temperature to 25°C then add the alcohol.
Whip the cream, then mix delicately into the preparation.

Pistachio cream

- 400 g 50% white almond paste
- 150 g pistachio paste
- 70 g egg whites
- 50 g butter
- 15 g kirsch
- 3 g gelatin sheets
- 3 drops green coloring

Method

Using the cutting blade in the mixer, smooth the almond paste, adding the pistachio paste. Incorporate the tempered egg whites gradually at 20°C. Also temper the butter at 20°C, then add to the mixture.
Soften the gelatin in cold water, drain, melt, then incorporate into the mixture. Tint the mixture with drops of green coloring than pour the kirsch.
Set aside.

Raspberry jelly

- 280 g raspberry pulp
- 40 g invert sugar
- 10 g gelatin sheets
- 5 g raspberry alcohol

Method

Heat half the raspberry pulp at 65°C. Then lower the temperature to 40°C. Add the invert sugar, the remainder of the raspberry pulp, then mix. Soften the gelatin in cold water, drain, melt, then incorporate into the mixture. At 30 °C, mix in the raspberry alcohol. Set aside.

Raspberry punch

- 270 g basic syrup (recipe page 271)
- 80 g spring water
- 80 g raspberry pulp
- 20 g raspberry alcohol

Procédé
Faire chauffer la pulpe de framboise à 65°C, ajouter l'eau, redescendre en température à 20°C puis ajouter l'alcool de framboise.
Réserver.

Punch pistache
- 260 g de sirop de base (recette page 271)
- 80 g d'eau de source
- 50 g de pâte de pistache
- 40 g de kirsch

Procédé
Faire chauffer le sirop, ajouter la pâte de pistache, l'eau et l'alcool et mélanger.
Réserver.

Glaçage chocolat blanc
- 200 g de pâte à glacer blanche
- 60 g de chocolat de couverture ivoire
- 50 g d'huile de maïs

Procédé
Faire fondre la pâte à glacer et le chocolat. Ajouter l'huile.
Passer au tamis fin.
Réserver dans une étuve.

Macaron framboise
Voir recette page 220.

Macaron pistache
Voir recette page 206.

Montage
Entremets en cadre de 27 cm par 37 cm et de 4 cm de hauteur
Détailler les feuilles de biscuit de 27 par 37 cm.
Chablonner de chocolat de couverture ivoire une feuille de biscuit pistache.
Retourner, puis imbiber de punch pistache.
Poser un cadre superposable de 2 cm de hauteur (noir).
Étaler 500 g de crème pistache.
Poser la deuxième feuille de biscuit pistache puis l'imbiber de punch pistache.
Lisser de mousse pistache à hauteur du cadre.
Surgeler.
Poser un deuxième cadre superposable de 2 cm hauteur (noir).

Method
Heat the raspberry pulp to 65°C, add the water, lower the temperature to 20°C then add the raspberry alcohol.
Set aside.

Pistachio punch
- 260 g basic syrup (recipe page 271)
- 80 g spring water
- 50 g pistachio paste
- 40 g kirsch

Method
Heat the syrup, add the pistachio paste, the water and alcohol, and mix.
Set aside.

White chocolate frosting
- 200 g white frosting paste
- 60 g ivory chocolate couverture
- 50 g corn oil

Method
Melt the frosting paste and the chocolate. Add the oil. Put through a fine sieve
Set aside in a drying oven.

Raspberry macaroon
See recipe page 220.

Pistachio macaroon
See recipe page 206.

Assembly
Assemble in a frame 27 cm by 37 cm and 4 cm high.
Cut out sponge sheets 27 by 37 cm.
Stencil a sheet of pistachio sponge with ivory chocolate couverture.
Turn over, then soak in pistachio punch.
Place a stackable frame 2 cm high (black) on top.
Spread on 500 g pistachio cream.
Place the second pistachio sponge sheet on top then soak in pistachio punch.
Smooth over with pistachio mousse to the top of the frame.
Freeze.
Place a second stackable frame 2 cm high (black) on top.
Place on top of this a sheet of raspberry sponge, soak in raspberry punch and freeze for a few minutes.

Poser une feuille de biscuit aux framboises l'imbiber de punch framboise et le surgeler quelques minutes.
Faire légèrement prendre la gelée de framboise dans un bain-marie d'eau glacée et la verser sur le biscuit.
Laisser durcir quelques minutes au surgélateur.
Poser la seconde épaisseur de biscuit framboise et l'imbiber de punch framboise.
Verser la mousse framboise à hauteur du cadre et lisser.
Surgeler.
Relisser l'entremets avec la mousse framboise plus souple.
Faire prendre de nouveau.
Réserver au réfrigérateur.

Finition et décoration

Retirer le cadre, puis glacer l'entremets au glaçage chocolat blanc tempéré entre 30 et 35°C.
Laisser durcir, puis détailler 4 carrés au couteau chaud.
Avec la lame d'un couteau chaud, marquer sur le glaçage, 16 petits carrés où les macarons seront placés.
Poser et fixer dans chaque carré, en les alternant, des macarons framboise et des macarons pistache.
À vous de jouer avec les saveurs !

Let the raspberry jelly set slightly in a bain-marie of iced water and pour onto the sponge.
Leave to harden for a few minutes in the freezer.
On top of this place the second layer of raspberry sponge and soak in raspberry punch.
Pour the raspberry mousse to the top of the frame and smooth over.
Freeze.
Smooth over the dessert again with softer raspberry mousse.
Leave to set again.
keep in the refrigerator.

Finish and decoration

Remove the frame, then ice the dessert with white chocolate frosting tempered between 30 and 35°C.
Leave to harden, then cut into 4 squares with a hot knife.
With the blade of a hot knife, mark 16 small squares on the frosting where the macaroons will be positioned.
Position and attach in each square, alternating raspberry macaroons and pistachio macaroons.
It's up to you to "play with the flavors!"

38. Alliance fraise et passion
Strawberry and passion fruit alliance

Composition pour 3 entremets de 6/8 personnes
Biscuit amande (recette page 262)
Mousse passion
Palet gélifié citron vert aux fraises des bois
Mousse au chocolat lait
Pâte de fruit fraise des bois
Punch framboise
Plaques de chocolat de couverture ivoire (recette page 273)
Anneaux de sucre coloré
Appareil chocolat ivoire (recette page 271)

Décor
Framboises

Mousse passion
175 g de pulpe de fruit de la Passion
75 g de pulpe d'abricot
3 g de poudre de lait 0 % mg
8 g de gélatine en feuilles
150 g de meringue italienne (recette page 270)
250 g de crème liquide 35 % mg

Procédé
Faire tiédir la moitié des pulpes de fruit avec la poudre de lait à 65°C. Mélanger au fouet et verser sur le restant des pulpes. Ramollir la gélatine dans l'eau froide, l'égoutter, la faire fondre puis l'incorporer au mélange tiédi. Redescendre en température à 22°C.
Monter la crème liquide, puis la mélanger à la meringue italienne. Incorporer 1/3 de ce mélange à la pulpe de fruit gélifiée et mélanger au fouet, puis ajouter le mélange restant.

Montage de l'intérieur passion
Garnir de mousse passion des empreintes de moules souples en gouttière d'une largeur de 3 cm sur 50 cm de long.
Surgeler.

Palet gélifié citron vert aux fraises des bois
350 g d'eau de source
50 g de jus de citron vert
120 g de sucre semoule
100 g de sucre inverti
20 g de gélatine en feuilles
2 citrons verts
250 g de fraises des bois

Composition for 3 desserts serving 6/8 people
Almond sponge (recipe page 262)
Passion fruit mousse
Gelled lime disc with wild strawberries
Milk chocolate mousse
Wild strawberry fruit jelly
Raspberry punch
Sheets of ivory chocolate couverture (recipe page 273)
Colored sugar rings
Ivory chocolate mix (recipe page 271)

Decoration
Raspberries

Passion fruit mousse
175 g passion fruit pulp
75 g apricot pulp
3 g milk powder
8 g gelatin sheets
150 g Italian meringue (recipe page 270)
250 g 35% fat liquid cream

Method
Heat half the fruit pulps with the milk powder at 65°C.
Mix with a whisk and pour onto the rest of the pulps.
Soften the gelatin in cold water, drain, melt, then mix into the warmed mixture. Lower the temperature to 22°C.
Whip the liquid cream, then mix into the Italian meringue.
Incorporate 1/3 of this mixture into the gelled fruit pulp and whisk, then add the remaining mixture.

Assembling the passion fruit interior
Fill the log molds of soft trays 3 cm wide and 50 cm long with passion fruit mousse.
Freeze.

Gelled lime disc with wild strawberries
350 g spring water
50 g lime juice
120 g granulated sugar
100 g invert sugar
20 g gelatin sheets
2 limes
250 g wild strawberries

Procédé
Faire bouillir l'eau, le jus de citron vert et le sucre.
Zester les citrons verts, puis les laisser infuser dans le sirop pendant 10 min à couvert. Ajouter le sucre inverti. Faire redescendre la température du sirop à 40°C.
Ramollir la gélatine dans l'eau froide, l'égoutter, la faire fondre puis l'incorporer au sirop tiédi.

Montage de l'intérieur fraise des bois gélifié
Verser du coulis gélifié citron vert dans une plaque de moules souples d'une largeur de 3 cm sur 50 cm de long.
Laisser durcir légèrement au frais, puis fixer les fraises des bois sur toute la longueur.
Verser à hauteur du coulis gélifié citron vert.
Surgeler.

Anneaux et bandes en sucre coloré

500 g	de sucre semoule
200 g	d'eau
150 g	de sirop de glucose
QS	de colorant rouge

Procédé
Dans un poêlon à sucre, faire cuire l'eau et le sucre. Ajouter le sirop de glucose et porter à ébullition.
Nettoyer les parois du poêlon au pinceau humide, et retirer à l'écumoir les impuretés qui remontent en surface. Ajouter les gouttes de colorants rouge. Cuire le sucre jusqu'à 160°C.
Verser le sucre cuit entre deux cercles de tailles différentes 12 cm pour l'un et de 10 cm pour l'autre. Couler du sucre coloré entre deux règles de 2 cm de large et d'une longueur de 30 cm puis renouveler l'opération une fois.
Réserver les deux bandes et les trois anneaux.

Pâte de fruit fraise des bois

350 g	de pulpe de fraise des bois
20 g	de sirop de glucose
4 g	de pectine jaune
375 g	de sucre semoule
85 g	de sucre cristal
1 g	d'acide tartrique

Procédé
Dans un bassine à confiture en cuivre, verser la pulpe de fraise des bois et le sirop de glucose. Mélanger au fouet, faire tiédir à 65°C.
Mélanger le sucre cristal avec la pectine jaune et l'incorporer à la pulpe tiédie. Laisser gonfler quelques secondes puis

Method
Boil the water, lime juice and sugar.
Remove the rind from the limes, then allow to infuse in the syrup for 10 min., covered. Add the invert sugar. Lower the temperature of the syrup to 40°C.
Soften the gelatin in cold water, drain, melt, then incorporate into the warmed syrup.

Assembling the gelled wild strawberry interior
Pour some gelled lime coulis into a soft mold tray 3 cm wide by 50 cm long.
Leave to harden slightly in the refrigerator, then attach the wild strawberries all the way along.
Pour gelled lime coulis up to the top.
Freeze.

Colored sugar rings and bands

500 g	granulated sugar
200 g	water
150 g	glucose syrup
SQ	red coloring

Method
In a sugar pan, cook the water with the sugar. Add the glucose syrup and bring to the boil.
Clean the sides of the pan with a damp brush, and use a skimmer to remove any debris that rises to the surface. Add the drops of red coloring. Cook the sugar to 160°C.
Pour the cooked sugar between two rings of different sizes, 12 cm for one and 10 cm for the other. Pour colored sugar between two straight edges 2 cm wide and 30 cm long then repeat once.
Set aside the two bands and the three rings.

Wild strawberry fruit jelly

350 g	wild strawberry pulp
20 g	glucose syrup
4 g	yellow pectin
375 g	granulated sugar
85 g	crystal sugar
1 g	tartric acid

Method
Pour the wild strawberry pulp and the glucose syrup into a copper jam basin. Whisk, then warm to 65°C.
Mix the crystal sugar with the yellow pectin and incorporate into the warmed pulp. Leave to swell for a few seconds then introduce the granulated sugar. Cook, stirring occasionally, to

introduire le sucre semoule. Faire cuire tout en remuant de temps en temps jusqu'à 107°C. En fin de cuisson, verser l'acide tartrique. Mélanger au fouet pour répartir le liquide et stopper la cuisson.
Verser dans un cadre de 1 cm. Saupoudrer de sucre cristal et laisser refroidir et figer pendant 24h.
Réserver.

Plaque de chocolat ivoire

Faire fondre le chocolat de couverture ivoire à 45°C. Tiédir des plaques inox au four à 50°C et verser 300 g de chocolat de couverture, puis étaler au rouleau à peinture en une très fine couche. Faire prendre au réfrigérateur puis remettre à température ambiante.
Réserver.

Mousse au chocolat lait

- 125 g de sucre semoule
- 45 g d'eau
- 150 g de jaunes d'œufs
- 6 g de gélatine en feuilles
- 350 g de chocolat de couverture au lait Élysée 36 %
- 500g de crème liquide 35 % mg

Procédé

Faire cuire l'eau, avec le sucre à 121°C.
Au batteur muni d'un fouet, fouetter les jaunes. Verser le sucre cuit et laisser augmenter de volume pendant 10 min pour obtenir une pâte à bombe à une température entre 30 et 35°C.
Faire fondre le chocolat à 45°C.
Monter la crème liquide.
Dans le chocolat fondu, verser un peu de crème fouettée et mélanger au fouet énergiquement.
Ramollir la gélatine dans l'eau froide, l'égoutter, la faire fondre puis l'incorporer dans 1/3 de pâte à bombe, et mélanger énergiquement au fouet. Incorporer cette préparation au mélange chocolat. Incorporer le restant de crème fouettée. Mélanger délicatement. Ajouter le restant de pâte à bombe et mélanger au fouet.

Montage de l'intérieur

Dans deux gouttières à tuiles, filmer l'ensemble des alvéoles.
Chemiser les parois de mousse au chocolat.
Au centre, fixer les intérieurs fraise des bois.
Détailler des bandes de biscuit aux amandes aux mêmes dimensions que celles de la plaque de moules souples, les fixer sur le palet et les imbiber de punch fraise des bois.
Surgeler.

107°C. At the end of cooking, pour in the tartric acid. Whisk to distribute the liquid and stop cooking.
Pour into a 1-cm frame. Sprinkle with crystal sugar, leave to cool and set for 24 hours.
Set aside.

Ivory chocolate sheet

Melt the ivory chocolate couverture at 45°C. Warm some stainless steel sheets to 50°C and pour on 300 g of chocolate couverture, then spread with a paint roller to a very thin layer. Leave to set in the refrigerator them allow to return to room temperature.
Set aside.

Mild chocolate mousse

- 125 g granulated sugar
- 45 g water
- 150 g egg yolks
- 6 g gelatin sheets
- 350 g 36% Élysée milk chocolate couverture
- 500g 35% fat liquid cream

Method

Cook the water with the sugar at 121°C.
In a mixer fitted with a whisk, whisk the egg yolks. Pour on the cooked sugar and allow to increase in volume for 10 min. to obtain a bombe dough at a temperature between 30 and 35°C.
Melt the chocolate at 45°C.
Whip the liquid cream.
Pour a little whipped cream into the melted chocolate and mix briskly with a whisk.
Soften the gelatin in cold water, drain, melt, then fold into 1/3 of the bombe dough, and mix energetically with a whisk.
Incorporate this preparation into the chocolate mixture. Fold in the rest of the whipped cream. Mix delicately. Add the rest of the bombe dough and mix with a whisk.

Assembly of the interior

In two tuile-molds, cover all the mold cavities with food wrap.
Line the sides with chocolate mousse.
In the center, attach the wild strawberry interiors.
Cut out strips of almond sponge to the same dimensions as those of the soft mold tray, attach to the disc and soak in wild strawberry punch.
Freeze.
Assemble in the same way as the passion fruit mousse interiors. Freeze.

Procéder au même montage pour les intérieurs mousse passion. Surgeler.

Montage de l'intérieur fraise et passion

Démouler tous les intérieurs fraise des bois et mousse passion. Réserver.
Fixer ensemble : un intérieur fraise des bois et un intérieur mousse passion, côtés biscuits pour obtenir une forme cylindrique.
Détailler une feuille de biscuit aux amandes de 30 cm de long sur 18 cm de large.
Détailler une bande de pâte de fruit fraise des bois de 30 cm de long sur 2 cm de large.
Poser le cylindre de mousse sur la pâte de fruit, puis l'enrouler dans le biscuit aux amandes.
Surgeler.

Décors et finition

Prendre une plaque de chocolat blanc ivoire déjà réalisée et, à l'aide d'une palette inox, découper le chocolat en trois triangles et le décoller pour l'enrouler autour de l'entremets. Renouveler l'opération de façon à recouvrir l'ensemble de l'entremets (voir photo page 143).
À l'aide d'un couteau tiède découper les extrémités pour obtenir une coupe nette. Surgeler.
À l'aide d'un appareil chocolat ivoire, réaliser un flocage au pistolet sur l'entremets surgelé.
Fixer légèrement en biais les 3 anneaux en sucre sur une des bandes de sucre coulé, à 8 cm d'intervalle les uns des autres.
Sur la base de chaque anneau, déposer du sucre cuit puis fixer la deuxième bande de sucre coulé. Laisser durcir.
À l'aide d'un cornet, mettre du sirop de glucose sur la bande de sucre coulé puis enfiler délicatement le cylindre d'entremets congelé.
Décorer sur la longueur avec l'alliance de fraises des bois.

Assembling the strawberry and passion fruit interior

Unmold all the wild strawberry and passion fruit interiors. Set aside.
Join together: one wild strawberry interior and one passion fruit mousse interior, sponge sides together to obtain a cylindrical shape.
Cut out a sheet of almond sponge 30 cm long by18 cm wide.
Cut a band of wild strawberry fruit jelly 30 cm long by 2 cm wide.
Place the mousse cylinder on the fruit jelly, then roll up into the almond sponge.
Freeze.

Decorations and finish

Take a sheet of ivory white chocolate that has already been made and, using a stainless steel palette knife, cut the chocolate into three triangles and unstick to roll it around the dessert. Repeat the operation so as to cover the entire dessert (see photo page 143).
Using a warm knife, trim off the ends to obtain a sharp cut.
Freeze.
Using an ivory chocolate mix, spray the frozen dessert
Attach the 3 sugar rings, slightly slanting, onto one of the bands of poured sugar, with an 8 cm gap between them.
At the base of each ring, arrange some cooked sugar then attach the second band of poured sugar, Leave to harden.
Using a frosting bag, put some glucose syrup on the band of poured sugar then delicately slip on the cylinder of frozen dessert.
Decorate all the way along with the wild strawberry alliance.

ÉCOLE
LENÔTRE

verser de l'eau entre la plaque et la feuille de cuisson.
Décoller délicatement puis réserver les coques sur plaque.

Ganache chocolat

- 350 g de crème liquide 35 % mg
- 20 g de sucre inverti
- 40 g de beurre
- 400 g de chocolat de couverture Ultime 70 %

Procédé

Faire chauffer la crème avec le sucre inverti à 85°C.
Au cutter, hacher le chocolat, verser le liquide, puis émulsionner. Redescendre en température à 40°C puis incorporer le beurre tempéré à 22°C. Verser dans un candissoire, puis filmer au contact et laisser durcir la ganache à 17°C.
Réserver.

Macaron café

À l'aide d'une poche à douille unie, garnir 3 coques de ganache chocolat, puis assembler avec les 3 autres coques.
Surgeler.

Montage

Fixer une bande de rodhoïd contre la paroi des cercles.
Chablonner une face d'un fond des biscuits chocolat sans farine avec le chocolat de couverture noire.
À l'aide d'une palette, chemiser les parois du cercle de mousse au café.
Poser le fond de biscuit chablonné, côté plaque.
À l'aide d'une poche à douille unie, garnir de mousse au café sur 1 cm d'épaisseur. Laisser refroidir au surgélateur pendant 2 min.
Poser un second fond de biscuit chocolat sans farine.
Garnir de mousse au café sur 2 cm d'épaisseur.
Déposer délicatement au centre du cercle le macaron café chocolat congelé puis garnir de mousse au café de façon à recouvrir intégralement le macaron.
Laisser durcir à nouveau quelques minutes.
Poser le dernier fond de biscuit chocolat sans farine.
Garnir à hauteur du cercle de mousse au café.
Surgeler.
Détendre le reste de mousse café, puis relisser l'entremets.

Décors et finition

Décercler, retirer le rodhoïd et maintenir l'entremets au congélateur.

water between the sheet and the cooking paper.
Delicately unstick then set the shells aside on a tray.

Chocolate ganache

- 350 g 35% fat liquid cream
- 20 g invert sugar
- 40 g butter
- 400 g 70% Ultime chocolate couverture

Method

Heat the cream with the invert sugar at 85°C.
Using the cutting blade of the mixer, chop the chocolate, pour on the liquid, then mix to create an emulsion. Lower the temperature to 40°C and mix in the tempered butter at 22°C.
Pour into a candying tray, wrap in food wrap ensuring contact with the ganache and leave to harden at 17°C.
Set aside.

Coffee macaroon

Using a frosting bag with a plain nozzle, fill 3 shells with chocolate ganache then assemble with the 3 other shells.
Freeze.

Assembly

Attach a strip of rhodoid to the sides of the rings.
Stencil one side of a base of flourless chocolate sponge with the dark chocolate couverture.
Using a palette knife, line the sides of the ring with coffee mousse.
Place the base of stenciled sponge on the sheet side.
Using a frosting bag with a plain nozzle, fill with coffee mousse to a depth of 1 cm. Leave to cool in the freezer for 2 min.
Put down a second base of flourless chocolate sponge.
Fill with coffee mousse to a depth of 2 cm.
In the center of the ring, delicately place the frozen coffee chocolate macaroon then fill with coffee mousse so as to fully cover the macaroon.
Leave to harden again for a few minutes.
Put down the last base of flourless chocolate sponge.
Fill to the top of the ring with coffee mousse.
Freeze.
Thin the rest of the mousse, then smooth over the dessert.

Decoration and finish

Remove from the ring, take away the rhodoid and keep the dessert in the freezer.

Au pistolet, floquer avec de l'appareil lait teinté blanc la totalité de l'entremets, puis renouveler l'opération avec un appareil chocolat teinté marron en réalisant une demi-lune sur un côté.
Poser l'entremets sur carton or, puis décorer au cornet avec quelques gouttes de glaçage chocolat et déposer des macarons petits fours.

Nb : le décor d'un entremets reste tout à fait personnel. Suivant la demande d'un client, les décors peuvent varier.

Using a spray gun, apply white-tinted milk chocolate mix all over the dessert, then repeat the operation with brown-tinted chocolate spray mix creating a half-moon shape on one side. Place the dessert on a piece of gold cardboard, then decorate using a frosting bag with a few drops of chocolate frosting, and arrange some petit four macaroons on top.

Nb: the way the dessert is decorated is purely a matter of personal taste. Decorations can vary according to what the customer wants.

40. Le mac marron
Chestnut mac

Composition pour 3 entremets de 6/8 personnes, montage sans cercle
6 disques de chocolat noir
Macaron marron
Garniture marron
Biscuit chocolat aux marrons
Débris de marron
Crème chocolat marron

Décor
Feuille d'or
Marron de chocolat (de confiserie)

Biscuit chocolat aux marrons
250 g de chocolat de couverture noir Favorites mi-amère 58 %
50 g de pâte de marron
60 g de beurre
500 g de blancs d'œufs
85 g de sucre semoule
50 g de jaunes d'œufs
50 g de débris de marron

Procédé
Faire fondre le chocolat à 45°C.
Tempérer le beurre à 20°C puis mélanger avec le chocolat.
Incorporer la pâte de marron. Ajouter les débris de marron.
Monter les blancs d'œufs et les serrer avec le sucre puis ajouter les jaunes d'œufs en 1re vitesse.
Incorporer délicatement les blancs montés au mélange chocolat/beurre.
Garnir en chablons individuels de 4 cm de diamètre et faire cuire à 170°C pendant 15 à 20 min.
Dès la sortie du four laisser refroidir sur grille, puis filmer.
Réserver.

Crème chocolat marron
95 g de crème liquide 35 % mg
20 g de crème de marron
450 g de pâte de marron
35 g de whisky
5 g de gélatine en feuilles
95 g de crème liquide 35 % mg
100 g de chocolat de couverture au lait Papouasie 37 %

Procédé
Faire bouillir la crème. En verser une partie sur la pâte et la crème de marron puis, à l'aide d'un mixeur, détendre cette masse, renouveler l'opération en versant le reste de crème

Composition for 3 desserts serving 6/8 people, assembly without a ring
6 dark chocolate discs
Chestnut macaroon
Chestnut filling
Chocolate sponge with chestnuts
Chestnut fragments
Chestnut chocolate cream

Decoration
Gold leaf
Chocolate chestnut (for confectioner)

Chocolate sponge with chestnuts
250 g 58% semi-bitter Favorites dark chocolate couverture
50 g chestnut paste
60 g butter
500 g egg whites
85 g granulated sugar
50 g egg yolks
50 g chestnut fragments

Method
Melt the chocolate at 45°C.
Temper the butter at 20°C then mix with the chocolate. Fold in the chestnut paste.
Add the chestnut fragments.
Whisk the egg whites with the sugar until stiff then add the egg yolks at low speed.
Delicately fold the whisked whites into the chocolate/butter mixture.
Fill individual stencils 4 cm in diameter and cook at 170°C for 15 to 20 min.
Once out of the oven, leave to cool on a rack, then cover in wrap.
Set aside.

Chestnut chocolate cream
95 g liquid cream
20 g chestnut cream
450 g chestnut paste
35 g whisky
5 g gelatin sheets
95 g 35% fat liquid cream
100 g 37% Papouasie milk chocolate couverture

Method
Boil the cream. Pour a part of it onto the paste and the

chaude jusqu'à obtention d'une crème lisse et onctueuse.
Verser la crème de marron sur le chocolat préalablement haché. Mélanger, toujours au mixeur.
Ramollir la gélatine dans l'eau froide, l'égoutter, la faire fondre puis l'incorporer à la ganache chocolat marron.
Introduire le whisky. Réserver.

Coques de macaron marron

- 500 g de tant-pour-tant amande
- 200 g de sucre glace
- 2 gousses de vanille
- 200 g de blancs d'œufs
- 50 g de sucre semoule
- 1 g de crème de tartre
- 6 g^tes de colorant rouge
- 6 g^tes de colorant bleu
- 6 g^tes de colorant noir
- 17 g^tes de colorant jaune

Procédé

Au cutter, affiner le tant-pour-tant amande, le sucre glace avec la pulpe de vanille. Tamiser l'ensemble, pour obtenir une poudre fine.
Monter avec un fouet, en 2e vitesse, les blancs d'œufs et la crème de tartre avec un dixième du poids de sucre. Ajouter les gouttes de colorant. Les serrer avec le restant de sucre et laisser meringuer quelques secondes.
À l'aide d'une spatule, incorporer progressivement la poudre aux blancs montés, puis faire macaronner jusqu'à l'obtention d'une consistance lisse et brillante. Avec une poche à douille unie n° 12, dresser les macarons sur papier « spécial macarons ».
Faire cuire sur plaque doublée dans un four ventilé à 160°C, tirage fermé pendant 4 à 5 min, puis redescendre à 150°C, tirage ouvert, pendant 18 à 20 min. Dès la sortie du four, verser de l'eau entre la plaque et la feuille de cuisson.
Attendre quelques minutes puis décoller les coques et les réserver sur plaque.

Ganache marron

- 450 g de pâte de marron
- 95 g de crème liquide 35 % mg
- 100 g de chocolat de couverture noir Favorites mi-amère 58 %
- 35 g de whisky
- 4 g de gélatine en feuilles

Procédé

Faire chauffer la crème liquide à 85°C. Au cutter, verser la

chestnut cream then, using a mixer, gradually dilute the mass.
Repeat the operation pouring on the rest of the hot cream until you obtain a smooth and creamy consistency.
Pour the chestnut cream onto the pre-chopped chocolate. Mix, while still in the mixer.
Soften the gelatin in the cold water, drain, melt then fold into the chocolate chestnut ganache.
Add the whisky. Set aside.

Chestnut macaroon shells

- 500 g almond tant-pour-tant
- 200 g confectioner's sugar
- 2 vanilla pods
- 200 g egg whites
- 50 g granulated sugar
- 1 g cream of tartar
- 6 drops red coloring
- 6 drops blue coloring
- 6 drops black coloring
- 17 drops yellow coloring

Method

Using the cutting blade in the mixer, refine the almond tant-pour-tant and the confectioner's sugar with the vanilla pulp.
Sift together to obtain a fine powder.
Whisk the egg whites, cream of tartar and one tenth of the weight of sugar at high speed. Add the drops of coloring.
Whisk until stiff with the rest of the sugar and leave for a few seconds to develop a meringue consistency.
Using a spatula, gradually fold the powder into the whisked whites, then mix well with a scraper until you obtain a smooth and shiny consistency. Using a frosting bag with a plain no. 12 nozzle, pipe the macaroons onto "special macaroon" paper.
Bake on a double sheet in a ventilated oven at 160°C, vents closed, for 4 to 5 min, then lower to 150°C, vents open, for 18 to 20 min. Once out of the oven, pour water between the sheet and the cooking paper. Wait a few minutes then unstick the shells and set aside on a sheet.

Chestnut ganache

- 450 g chestnut paste
- 95 g 35% fat liquid cream
- 100 g 58% semi-bitter Favorites dark chocolate couverture
- 35 g whisky
- 4 g gelatin sheets

Method

Heat the liquid cream to 85°C. Using the cutting blade of a

La mangue étant un fruit plus tendre le temps de cuisson est ramené à environ 1 heure (le temps de cuisson dépend de la maturité du fruit).

Biscuit madeleine citron jaune

200 g	d' œufs entiers
220 g	de sucre semoule
200 g	de farine
15 g	de levure chimique
180 g	de beurre
4	citrons jaunes
125 g	de blancs d'œufs
25 g	de sucre semoule
QS	colorant jaune

Procédé

Pour obtenir une pâte à madeleine, mélanger au fouet les œufs entiers avec le sucre et incorporer le mélange farine/levure préalablement tamisé.
Mettre à fondre le beurre et zester les citrons. Incorporer les zestes puis le beurre dans la pâte à madeleine. Ajouter les gouttes de colorant.
Monter au fouet les blancs d'œufs avec 10 g de sucre et les serrer avec le reste de sucre puis les incorporer à la pâte à madeleine. Verser sur plaque et cuire à 180°C pendant 20 min. Dès la sortie du four, laisser refroidir et filmer. Réserver.

Biscuit madeleine orange

Mêmes ingrédients et quantités que le biscuit madeleine citron jaune en remplaçant les citrons par 4 oranges fraîches. Pour sa fabrication, procéder de même que pour le biscuit madeleine citron jaune en zestant les oranges.

Biscuit madeleine menthe

200 g	d'œufs entiers
220 g	de sucre semoule
200 g	de farine
15 g	de levure chimique
180 g	de beurre
125 g	de blancs
25 g	de sucre semoule
30 g	de cristallines de menthe
QS	de colorant vert
QS	de colorant jaune
QS	de colorant noir

Procédé

Broyer les cristallines au cutter jusqu'à l'obtention d'une poudre.

Since mango is a softer fruit, the cooking time is reduced to around 1 hour (the cooking time depends on the ripeness of the fruit).

Lemon madeleine sponge

200 g	whole eggs
220 g	granulated sugar
200 g	flour
15 g	baking powder
180 g	butter
4	lemons
125 g	egg whites
25 g	granulated sugar
SQ	yellow coloring

Method

To obtain a madeleine paste, whisk the whole eggs with the sugar and fold in the pre-sifted flour/baking powder mixture. Put the butter to melt and remove the rind from the lemons. Fold the rinds then the butter into the madeleine paste. Add the drops of coloring.
Whisk the egg whites with 10 g of sugar, whisk further until stiff with the rest of the sugar, then fold into the madeleine paste. Pour onto a sheet and bake at 180°C for 20 min. Once out of the oven leave to cool and cover in food wrap. Set aside.

Orange madeleine sponge

Same ingredients and quantities as the lemon madeleine sponge, replacing the lemons with 4 fresh oranges.
To make the sponge, proceed as with the lemon madeleine sponge, removing the rind from the oranges.

Mint madeleine sponge

200 g	whole eggs
220 g	granulated sugar
200 g	flour
15 g	baking powder
180 g	butter
125 g	whites
25 g	granulated sugar
30 g	mint crystallines
SQ	green coloring
SQ	yellow coloring
SQ	black coloring

Method

Grind the crystallines using the cutting blade of the mixer until

Mélanger au fouet les œufs entiers avec le sucre puis incorporer le mélange farine/levure préalablement tamisé et la poudre de cristalline.
Mettre le beurre à fondre puis l'incorporer dans la pâte. Ajouter les gouttes de colorant.
Monter au fouet les blancs d'œufs avec un peu de sucre et les serrer avec le restant de sucre puis les incorporer à la pâte.
Verser sur plaque et cuire à 180°C pendant 20 min. Dès la sortie du four, laisser refroidir et filmer.
Réserver.

Gelée de citron jaune/citronnelle

- 250 g d'eau de source
- 150 g de sucre semoule
- 50 g de sucre inverti
- 50 g de jus de citron
- 60 g de citronnelle
- 10 g de gélatine en feuilles

Procédé

Faire chauffer l'eau, le sucre, le sucre inverti et le jus de citron.
Tailler la citronnelle en bâtonnets, puis mettre à infuser à couvert pendant 15 min. Chinoiser et redescendre en température à 40°C.
Ramollir la gélatine dans l'eau froide, l'égoutter, la faire fondre puis l'incorporer au sirop parfumé.

Palet de gelée d'ananas

Verser de la gelée de citron dans un cadre de 27 cm par 37 cm – hauteur 1 cm. Surgeler quelques minutes.
Égoutter les tranches d'ananas pochées, les disposer sur le palet de gelée et les recouvrir de gelée.
Surgeler.

Gelée d'orange

- 250 g d'eau
- 150 g de sucre semoule
- 20 g de sucre inverti
- 50 g de jus d'orange
- 2 oranges
- 10 g de gélatine en feuilles

Procédé

Faire chauffer l'eau, le sucre, le sucre inverti et le jus d'orange.
Zester les oranges, puis les mettre à infuser à couvert pendant 10 min. Chinoiser et redescendre en température à 40°C.

you obtain a powder.
Whisk the whole eggs with the sugar then fold in the pre-sifted flour/baking powder mixture and the crystalline powder.
Put the butter to melt then fold into the paste. Add the drops of coloring.
Whisk the egg whites with a little sugar, whisk further until stiff with the rest of the sugar, then fold into the paste. Pour onto a sheet and bake at 180°C for 20 min. Once out of the oven, leave to cool and wrap.
Set aside.

Lemon/citronella jelly

- 250 g spring water
- 150 g granulated sugar
- 50 g invert sugar
- 50 g lemon juice
- 60 g citronella
- 10 g gelatin sheets

Method

Heat the water, invert sugar and lemon juice.
Cut the citronella into sticks, then leave to infuse, covered, for 15 min. Strain and let the temperature drop to 40°C.
Soften the gelatin in the cold water, drain, melt, then fold into the flavored syrup.

Pineapple jelly disc

Pour some lemon jelly into a frame 27 cm by 37 cm – height 1 cm. Freeze for a few minutes.
Drain the slices of poached pineapple, arrange on top of the disc of jelly and cover with jelly.
Freeze.

Orange jelly

- 250 g water
- 150 g granulated sugar
- 20 g invert sugar
- 50 g orange juice
- 2 oranges
- 10 g gelatin sheets

Method

Heat the water, sugar, invert sugar and orange juice.
Remove the rind from the oranges, then leave to infuse, covered, for 10 min. Strain and let the temperature drop to 40°C.
Soften the gelatin in cold water, drain, melt, then fold into the

Ramollir la gélatine dans l'eau froide, l'égoutter, la faire fondre puis l'incorporer au sirop parfumé à l'orange. Verser dans un cadre de 27 cm par 37 cm.
Surgeler.

Palet de gelée mangue

Procéder de même que pour fabriquer un palet de gelée d'ananas (page 160).

Mousse exotique

- 300 g de purée Pabana
- 90 g de purée d'ananas
- 135 g de jaunes d'œufs
- 70 g de sucre semoule
- 18 g de poudre à flan
- 360 g de crème liquide 35 % mg
- 9 g de gélatine en feuilles

Procédé

Faire bouillir les deux purées de fruit avec la moitié du sucre.
Mélanger au fouet le sucre restant et la poudre à flan puis l'incorporer au jaune d'œuf.
Verser la purée de fruits sur le mélange jaunes/sucre et laisser cuire 1 min après ébullition tout en fouettant.
Ramollir la gélatine dans l'eau froide, l'égoutter, la faire fondre et l'incorporer à la crème exotique à 40°C. Redescendre en température à 22°C puis incorporer la crème fouettée. Verser la crème exotique dans un cadre de 27 cm par 37 cm – hauteur 1 cm. Surgeler.

Punch citron

- 135 g de sirop de base (recette page 271)
- 20 g d'eau de source
- 30 g de jus de citron

Procédé

Faire chauffer le jus de citron à 65°C, ajouter l'eau et le sirop de base et redescendre en température à 20°C. Réserver.

Punch orange

- 135 g de sirop de base (recette page 271)
- 20 g d'eau de source
- 30 g d'orange

Procédé

Identique à la fabrication du punch citron en remplaçant par le jus d'orange.

orange-flavored syrup. Pour into a frame 27 cm by 37 cm.
Freeze.

Mango jelly disc

Use the same procedure as for the pineapple jelly disc (page 160).

Exotic mousse

- 300 g Pabana puree
- 90 g pineapple puree
- 135 g egg yolks
- 70 g granulated sugar
- 18 g flan powder
- 360 g 35% fat liquid cream
- 9 g gelatin sheets

Method

Boil the two fruit purees with half the sugar.
Whisk the remaining sugar with the flan powder then fold into the egg yolk.
Pour the fruit puree onto the yolks/sugar mixture and leave to cook for 1 min. after boiling, whisking all the time.
Soften the gelatin in cold water, drain, melt and fold into the exotic cream at 40°C. Lower the temperature to 22°C then fold in the whipped cream. Pour the exotic cream into a frame 27 cm by 37 cm – height 1 cm. Freeze.

Lemon punch

- 135 g basic syrup (recipe page 271)
- 20 g spring water
- 30 g lemon juice

Method

Heat the lemon juice to 65°C, add the water and the basic syrup and lower the temperature to 20°C
Set aside.

Orange punch

- 135 g basic syrup (recipe page 271)
- 20 g spring water
- 30 g orange juice

Method

Identical to the making of lemon punch, replacing the lemon juice with the orange juice.

Mint punch

- 135 g basic syrup (recipe page 271)

400 g de blancs d'œufs
120 g de sucre semoule

Procédé
Faire fondre le chocolat et le cacao pâte à 45°C.
Mettre en température le beurre à 22°C puis l'incorporer délicatement au fouet.
Faire chauffer le sirop de base puis l'incorporer au mélange chocolat.
Monter les blancs d'œufs avec une partie du sucre, serrer le tout avec le restant de sucre et les incorporer en deux fois dans le mélange.

Montage
Détailler 3 disques de meringue chocolat de tailles différentes (12 cm, 8 cm et 3 cm) et les chablonner au pistolet sur les deux faces avec l'appareil chocolat noir.
Chemiser de mousse au chocolat l'intégralité du moule (dome).
Garnir de mousse au chocolat.
Poser et fixer le plus petit disque de meringue.
Recouvrir légèrement de mousse au chocolat.
Mettre le dôme de ganache congelé et le recouvrir entièrement de mousse.
Poser le deuxième disque et garnir de mousse.
Terminer et poser le dernier disque de meringue.
Surgeler.

Décor
Démouler l'entremets et le poser sur carton or de même diamètre.
Étaler la pâte d'amande en une épaisseur de 1,5 mm et un diamètre de 22 cm, puis la poser en effectuant des ondulations.
Couper à l'aide d'une corne les excédents à la base du dôme et bien arrondir.
Surgeler.

Finition
Avec un appareil chocolat noir, floquer toute la surface de l'entremets au pistolet.

Nb : cet entremets ne nécessite aucun décor. Seule une plaquette maison ou un décor chocolat peut être posé dessus.

120 g granulated sugar

Method
Melt the chocolate and the cocoa paste at 45°C.
Bring the butter to a temperature of 22°C then fold in with a whisk.
Heat the basic syrup then fold into the chocolate mixture.
Whisk the egg whites with a part of the sugar, continue to whisk with the rest of the sugar until stiff then fold into the mixture in two goes.

Assembly
Cut out 3 discs of chocolate meringue of different sizes (12 cm, 8 cm and 3 cm) and stencil both sides with dark chocolate mix using a spray gun.
Line the entire mold with dark chocolate mousse (dome).
Fill with chocolate mousse.
Position and attach the smallest meringue
Cover lightly with chocolate mousse.
Add the frozen ganache dome and cover entirely with mousse.
Add the second disc and fill with mousse.
Finish by putting down the last meringue disc.
Freeze.

Decoration
Unmold the dessert and place on gold cardboard of the same diameter.
Roll out the almond paste to a thickness of 1.5 mm and a diameter of 22 cm, then position it, creating a wavy effect.
Trim off the excess at the base of the dome using a piping bag and round off.
Freeze

Finish
Using a spray gun, apply dark chocolate mix to the entire surface of the dessert.

Nb: this dessert does not require any decoration. A simple company label or chocolate decoration could be placed on top.

43. Le délice au café
Coffee delice

Composition pour 1 cadre de 27/37/5 cm
Biscuit aux amandes (recette page 262)
Croustillant fruits secs
Punch café gélifié
Biscuit chocolat sans farine
Crémeux Bailey's
Crème mascarpone café

Décor
Appareil chocolat lait (recette page 271)
Grains de café au chocolat
Feuille d'or
Plaquettes de chocolat (recette page 273)

Croustillant fruits secs
100 g de noisettes entières
100 g d'amandes blanches
10 g de pistaches entières
110 g de pailleté feuilletine Barry
280 g de praliné amande
70 g de beurre
35 g de chocolat de couverture lait Élysée 36 %

Procédé
Faire torréfier à cœur les noisettes et les amandes au four à 150°C et laisser refroidir.
Au cutter, broyer les noisettes et les amandes grillées en poudre. Ajouter le praliné et mélanger le tout. Incorporer le beurre fondu et la couverture fondue. Lisser en cadre de 1 cm. Surgeler.

Punch café gélifié
280 g de sirop de base
90 g d'eau de source
20 g de café soluble
5 g de gélatine en feuilles

Procédé
Faire chauffer le sirop de base, ajouter le café soluble puis l'eau. Ramollir la gélatine dans l'eau froide, l'égoutter, la faire fondre et l'incorporer au sirop.
Réserver.

Biscuit chocolat sans farine
210 g de blancs d'œuf
210 g de sucre semoule
120 g de jaunes d'œufs
60 g de cacao en poudre Extra brut

Composition for 1 frame 27/37/5 cm
Almond sponge (recipe page 262)
Dried fruit crisp
Gelled coffee punch
Flourless chocolate sponge
Bailey's cream
Coffee mascarpone cream

Decoration
Milk chocolate mix (recipe page 271)
Chocolate coffe beans
Gold sheet
Chocolate shapes (recipe page 273)

Dried fruit crisp
100 g whole hazelnuts
100 g white almonds
10 g whole pistachios
110 g Barry feuilletine
280 g almond praline
70 g butter
35 g 36% Elysée milk chocolate couverture

Method
Roast the hazelnuts and almonds to the core in a 150°C oven and leave to cool.
Using the cutting blade of the mixer, grind the toasted hazelnuts and almonds to a powder. Add the praline and mix. Fold in the melted butter and melted couverture. Pour into a 1 cm frame. Freeze.

Gelled coffee punch
280 g basic syrup
90 g spring water
20 g instant coffee
5 g gelatin sheets

Method
Heat the basic syrup, add the instant coffee then the water. Soften the gelatin in cold water, drain, melt and fold into the syrup.
Set aside.

Flourless chocolate sponge
210 g egg whites
210 g granulated sugar
120 g egg yolks
60 g Extra brut cocoa powder

Procédé
Monter les blancs d'œufs avec une partie du sucre et serrer le tout avec le sucre restant. Ajouter les jaunes d'œufs puis le cacao en poudre. Étaler en plaque et cuire à 180°C pendant 10 min. Réserver.

Crémeux Bailey's
- 225 g de crème liquide
- 100 g de jaune d'œufs
- 250 g de chocolat de couverture lait Élysée 36 %
- 225 g de Bailey's

Procédé
Chauffer la crème à 50°C, puis verser sur les jaunes d'œufs. Pocher l'ensemble jusqu'à 85°C. Chinoiser sur le chocolat préalablement haché. Redescendre en température à 45°C puis verser le Bailey's. Réserver.

Crème mascarpone café
- 300 g de crème liquide 35 % mg
- 170 g de sucre semoule
- 80 g d'eau
- 80 g de jaunes d'œufs
- 370 g de mascarpone
- 10 g de gélatine en feuilles
- 20 g d'extrait de café

Procédé
Cuire le sucre et l'eau à 110°C et verser sur les jaunes d'œufs. Monter le tout au batteur jusqu'à 30/35°C.
Ramollir la gélatine dans l'eau froide, l'égoutter, la faire fondre et l'incorporer au mélange. Ajouter le café et le mascarpone au mélange gélifié, et incorporer la crème fouettée.

Montage
Chablonner le croustillant aux fruits secs avec de la couverture lait. Laisser refroidir et le poser dans le cadre, chocolat dessous. Verser 260 g de crémeux Bailey's et lisser à la spatule. Placer un biscuit Joconde et l'imbiber de punch café. Verser 520 g de crémeux Bailey's. Poser un biscuit chocolat sans farine et l'imbiber de punch café. Verser 1 kg de crème mascarpone et lisser à hauteur du cadre. Surgeler. Détendre le restant de crème mascarpone puis relisser l'entremets.

Décor et finition
Décadrer puis, à l'aide d'un pistolet, floquer toute la surface de l'entremets d'un appareil chocolat lait. Détailler des portions individuelles (9 cm par 3.5 cm) et coller une plaquette de chocolat lait sur le dessus. Décorer un grain de café chocolat et de feuilles d'or.

Method
Whisk the egg whites with a part of the sugar then whisk with the rest of the sugar until stiff. Add the egg yolks then the cocoa powder. Spread onto a sheet and cook at 180°C for 10 min. Set aside.

Bailey's cream
- 225 g liquid cream
- 100 g egg yolks
- 250 g 36% Élysée milk chocolate couverture
- 225 g Bailey's

Method
Heat the cream to 50°C, then pour onto the egg yolks. Poach the whole thing to 85°C. Strain onto the pre-chopped chocolate. Lower the temperature to 45°C then pour on the Bailey's. Set aside.

Coffee mascarpone cream
- 300 g 35% fat liquid cream
- 170 g granulated sugar
- 80 g water
- 80 g egg yolks
- 370 g mascarpone
- 10 g gelatin sheets
- 20 g coffee extract

Method
Cook the sugar and water to 110°C and pour onto the egg yolks. Beat to 30/35°C. Soften the gelatin in the cold water, drain, melt, and fold into the mixture. Add the coffee and the mascarpone to the gelled mixture and fold in the whipped cream.

Assembly
Stencil the dried fruit crisp with milk couverture. Leave to cool and place in the frame, chocolate side down.
Pour on 260 g of Bailey's cream and smooth with a spatula.
Place an almond sponge on top and soak in coffee punch.
Pour on 520 g of Bailey's cream.
Place a flourless chocolate sponge on top and soak in coffee punch. Pour on 1 kg of mascarpone cream and smooth to the top of the frame. Freeze. Thin the rest of the mascarpone cream then smooth over the dessert.

Decoration and finish
Remove the frame then, using a spray gun, apply milk chocolate mix to the entire surface of the dessert. Cut out individual portions (9 cm by 3.5 cm) and stick a milk chocolate shape on top. Decorate with a chocolate coffee bean and gold leaves.

Chapitre 03

ÉCOLE LENÔTRE

Les Tartes / Tarts

44. Tarte Éléonore
Eleonore Tart

Composition pour 3 tartes de 6/8 personnes
Pâte feuilletée inversée (recette page 265)
Compote de pomme
Pommes au beurre

Décor
Sucre glace
Mélange de fruits secs (amandes, pistaches, noisettes)

Compote de pommes

500 g	de pommes Golden
20 g	de beurre
5 cl	d'eau
1	gousse de vanille

Procédé
Éplucher, épépiner et tailler les pommes en dés.
Dans un sautoir, faire fondre le beurre. Ajouter les pommes en dés, le sucre, l'eau et la gousse de vanille fendue. Couvrir au contact d'une feuille de papier cuisson puis mélanger de temps en temps. Faire cuire à feu doux pendant 20 min. En fin de cuisson, enlever la feuille de cuisson et laisser dessécher la compote de pommes quelques minutes. Au fouet, écraser légèrement les fruits.
Réserver au frais.

Pommes au beurre

3 kg	de pommes Golden
80 g	de beurre
100 g	de sucre semoule

Procédé
Éplucher, épépiner, tailler les pommes en quartiers.
Dans un sautoir, faire fondre le beurre. Ajouter les pommes et parsemer de sucre. Laisser précuire les pommes, jusqu'à ce quelles prennent une coloration brune et restent surtout ferme. La cuisson doit être peu soutenue.
En fin de cuisson, verser le jus de citron pour faire ressortir la saveur des pommes. Égoutter sur une grille.
Réserver au frais.

Montage
Au laminoir, étaler à 2,5 cm trois abaisses de 200 g de pâte feuilletée. Réserver au frais pendant 15 min.
Détailler à l'aide d'une roulette cannelée des fonds de tarte d'un diamètre de 22 cm puis les piquer.
Étaler une fine épaisseur de compote de pommes sur la base de chaque tarte en laissant 2 cm sur le pourtour de la tarte.

Composition for 3 tarts serving 6/8 people
Upside-down puff pastry (recipe page 265)
Apple compote
Apples in butter

Decoration
Confectioner's sugar
Dried fruit mixture

Apple compote

500 g	Golden Delicious apples
20 g	butter
5 cl	water
1	vanilla pod

Method
Peel, deseed and cube the apples.
Melt the butter in a fry pan. Add the cubed apples, the sugar, the water and the split vanilla pod. Cover with a sheet of baking paper to ensure contact then stir from time to time. Cook over a low heat for 20 min. At the end of cooking, remove the cooking sheet and leave the apple compote to dry out for a few minutes. Crush the fruits lightly with a whisk.
Keep in the refrigerator.

Apples in butter

3 kg	Golden Delicious apples
80 g	butter
100 g	granulated sugar

Method
Peel, deseed and quarter the apples.
In a fry pan, melt the butter. Add the apples and sprinkle with sugar. Let the apples cook until they take on a dark brown color while remaining firm (important). Do not cook over a very high heat.
Once cooked, pour on the lemon juice to bring out the flavor of the apples. Drain on a rack.
Keep in the refrigerator.

Assembly
Roll out three 200-g pieces of puff pastry to a thickness of 2.5 cm using a dough sheeter. Keep in the refrigerator for 15 min.
Using a fluted wheel, cut out tart bases 22 cm in diameter then prick.
Spread a thin layer of apple compote on the base of each tart, leaving 2 cm around the edge.

46. Bande feuilletée aux pêches

Peach feuillete band

Composition pour 2 bandes de 6/8 personnes
Pâte feuilletée inversée (recette page 265)
Crème d'amande (recette page 268)
Crème frangipane (recette page 268)
Oreillons de pêches jaunes au sirop

Décor
Pistaches entières
Nappage abricot

Procédé
Au laminoir, étaler à 1,5 cm deux pâtons de 225 g de pâte feuilletée inversée. Détailler des bandes de 14 cm de large sur 60 cm de long les dorer au pinceau sur toute la longueur. Recouper deux longueurs de cette bande sur 1,5 cm large et les poser sur les bords. À l'aide d'un couteau d'office, chiqueter la bordure puis la dorer. Réserver au frais pendant 1 heure.
Avec une poche à douille unie n°12, étaler une fine couche de crème frangipane. Faire précuire à 180°C pendant 20 min.
Égoutter, couper les pêches en quartier puis les disposer sur toute la surface. Enfourner à nouveau à 165°C pendant 20 à 25 min. Dès la sortie du four, laisser refroidir sur grille.
Faire chauffer le nappage abricot et napper la tarte.
Saupoudrer légèrement de pistache préalablement concassée.
Décorer quelques oreillons avec de la feuille d'or.
Réserver au frais.

Composition for 2 bands serving 6/8 people
Upside-down puff pastry (recipe page 265)
Almond cream (recipe page 268)
Frangipane cream (recipe page 268)
Yellow peach halves in syrup

Decoration
Whole pistachios
Apricot coating

Method
Roll out two 225-g upside-down puff pastry pieces to 1.5 cm thick using a dough sheeter.
Cut out strips 14 cm wide by 60 cm long, glaze with a brush all the way down. Cut two lengths of this strip to a width of 1.5 cm and place them along the edges of the tart. Using a kitchen knife, make small cuts around the edge then glaze.
Keep in the refrigerator for 1 hour.
Using a frosting bag with a plain no.12 nozzle, spread on a thin layer of frangipane cream. Pre-cook at 180°C for 20 min.
Drain the peaches and cut into quarters then arrange across the entire surface. Place in the oven again at 165°C for 20 to 25 min. Once out of the oven, leave to cool on a rack.
Heat the apricot coating and coat the tart. Sprinkle lightly with pre-crushed pistachios. Decorate a few apricot halves with gold leaf.
Keep in the refrigerator.

47. Tarte fromage blanc et mousse framboise

Fromage blanc tart with raspberry mousse

Composition pour 3 tartes de 6/8 personnes
Pâte sablée aux amandes (recette page 265)
Mousse fromage blanc en palet
Crème d'amande citron (recette page 268)
Appareil chocolat blanc (recette page 271)
Dômes individuels de mousse framboise

Décor
Assortiment de fruits rouges
Quelques gouttes de glaçage neutre (recette page 271)

Fonçage
Étaler trois abaisses de 180 g de pâte sablée aux amandes au laminoir à 2,5 cm. Réserver au frais pendant 15 min. Détailler trois abaisses de 22 cm de diamètre.
Tempérer du beurre en pommade puis, à l'aide d'un pinceau, beurrer légèrement les cercles. Poser l'abaisse sur un plan de travail légèrement fariné et foncer le cercle. Déposer le fonçage sur une feuille de papier cuisson, puis réserver au frais pendant 20 min.
À l'aide d'un couteau d'office, couper l'excédent de la bordure de la tarte.
Garnir les fonds de tarte de crème d'amande citron sur une fine épaisseur. Faire cuire à 165°C pendant 25 à 30 min. Laisser refroidir sur grille.
Réserver.

Mousse framboise
125 g de pulpe de framboise
10 g de sucre semoule
8 g de gélatine en feuilles
60 g de meringue italienne (recette page 270)
120 g de crème liquide 35 % mg
10 g d'alcool de framboise

Procédé
Faire tiédir la moitié de la pulpe de framboise avec le sucre à 65°C.
Mélanger au fouet et ramollir la gélatine dans l'eau froide, l'égoutter, la faire fondre, puis l'incorporer sur la pulpe tiédie. Incorporer le reste de pulpe. Redescendre en température à 22°C, ajouter l'alcool de framboise.
Monter la crème liquide, puis la mélanger à la meringue

Composition for 3 tarts serving 6/8 people
Almond sable dough (recipe page 265)
Fromage blanc mousse in a disc shape
Lemon almond cream (recipe page 268)
White chocolate mix (recipe page 271)
Individual raspberry mousse dome

Decoration
Assortment of red fruits
A few drops of neutral frosting (recipe page 271)

Lining
Roll out three 180-g pieces of almond sable dough to a thickness of 2.5 cm using a dough sheeter. Place in the refrigerator for 15 min. Trim to form three pieces 22 cm in diameter.
Temper some creamed butter then, using a brush, lightly grease the rings. Place the dough piece on a lightly floured worktop and line the ring. Arrange the lining on a sheet of cooking paper, then set aside in the refrigerator for 20 min.
Using a kitchen knife, trim the excess dough from the edges of the tart.
Fill the bottom of the tart with a thin layer of lemon almond cream. Cook at 165°C for 25 to 30 min. Leave to cool on a rack.
Set aside.

Raspberry mousse
125 g raspberry pulp
10 g granulated sugar
8 g gelatin sheets
60 g Italian meringue (recipe page 270)
120 g 35% fat liquid cream
10 g raspberry alcohol

Method
Warm half the raspberry pulp with the sugar at 65°C.
Whisk and soften the gelatin in cold water, drain, melt, then fold into the warmed pulp. Add the rest of the pulp. Lower the temperature to 22°C, and fold in the raspberry alcohol
Whip the liquid cream, then mix with the Italian meringue. Fold 1/3 of this mixture into the gelled raspberry pulp and whisk, then add the remaining mixture.

49. Tarte chiboust pistache griotte

Pistachio morello cherry chiboust tart

Composition pour 3 tartes de 6/8 personnes
Pâte à foncer (recette page 265)
Appareil à crème prise vanille
Griottes
Crème chiboust pistache
Dorure (voir recette page 272)

Décor
Glaçage neutre (recette page 271)
Boule de chocolat à la poudre scintillante verte

Fonçage
Au laminoir, étaler à 2,5 cm trois abaisses de 180 g de pâte sablée aux amandes. Réserver au frais pendant 15 min. Détailler trois abaisses de 22 cm de diamètre.
Tempérer du beurre en pommade puis, à l'aide d'un pinceau, beurrer légèrement les cercles.
Poser l'abaisse sur un plan de travail légèrement fariné et foncer le cercle. Déposer le fonçage sur une feuille de papier cuisson, puis réserver au frais pendant 20 min. À l'aide d'un couteau d'office, couper l'excédent de la bordure de la tarte.
Couper une feuille de papier cuisson du diamètre du fond de la tarte et le poser sur le fond de la tarte. Puis réaliser une bande de papier cuisson de 3 cm de largeur sur toute la longueur et la fixer autour de la tarte.
Garnir ensuite de noyaux de cuisson. Enfourner à 165°C pendant 35 min. Retirer les noyaux de cuisson et les feuilles de papier cuisson.
À l'aide d'un pinceau, badigeonner la tarte de dorure et enfourner quelques secondes. Dès la sortie du four, laisser refroidir sur grille.
Réserver.

Appareil à crème prise vanille

500 g	de lait
100 g	d'œufs entiers
130 g	de jaunes d'œufs
125 g	de sucre semoule
1	gousse de vanille

Procédé
Faire chauffer le lait avec la moitié du sucre et la gousse de vanille fendue. Mélanger au fouet, sans incorporer d'air, les

Composition for 3 tarts serving 6/8 people
Lining dough (recipe page 265)
Set vanilla cream mix
Morello cherries
Pistachio chiboust cream
Glaze (see recipe page 272)

Decoration
Neutral frosting (recipe page 271)
Chocolate ball with shimmering green powder

Lining
Roll out three 180-g pieces of almond sable dough to a thickness of 2.5 cm using a dough sheeter. Keep in the refrigerator for 15 min. Trim to form three pieces 22 cm in diameter.
Temper some creamed butter then, using a brush, lightly grease the rings.
Place the rolled-out dough on a lightly floured worktop and line the ring. Arrange the lining on a sheet of baking paper, then keep in the refrigerator for 20 min. Using a kitchen knife, trim the excess from the edges of the tart.
Cut a sheet of cooking paper to the diameter of the tart base and place on the base. Then cut a strip of paper 3 cm wide all the way down and fix all around the tart.
Next fill with baking beans. Place in the oven at 165°C for 35 min. Remove the beans and the sheets of cooking paper.
Using a brush, dab the tart with glaze and place in the oven for a few seconds. Once out of the oven, leave to cook on a rack.
Set aside.

Set vanilla cream mix

500 g	milk
100 g	whole eggs
130 g	egg yolks
125 g	granulated sugar
1	vanilla pod

Method
Heat the milk with half the sugar and the split vanilla pod. Whisk the eggs, the yolks and the remaining sugar without mixing any air in. Lower the temperature of the milk to 70°C.

52. Tarte myrtilles et corolle de macaron

Blueberry tart with macaroon ring

Composition pour 3 tartes de 6/8 personnes, cercle de 3 cm de hauteur et de 18 cm de diamètre
Pâte sablée aux amandes (recette page 265)
Crème d'amande (recette page 268)
Appareil chocolat blanc (recette page 271)
Appareil mirliton aux myrtilles
Confiture de myrtille cassis
Myrtilles
Macarons myrtille
Glaçage neutre (recette page 271)

Appareil mirliton aux myrtilles
160 g de crème d'amande
160 g de crème double
50 g de sucre semoule
300 g d'œufs entiers
5 g de kirsch
1 gousse de vanille
150 g de myrtilles égouttées

Procédé
Mélanger la crème d'amande au fouet pour la rendre lisse.
Ajouter la crème double, le sucre avec les œufs et mélanger de nouveau.
Gratter la gousse de vanille puis l'ajouter au mélange et verser le kirsch. Ajouter les myrtilles préalablement égouttées puis mélanger délicatement à la spatule.
Réserver.

Fonçage
Au laminoir, étaler à 2,5 cm trois abaisses de 180 g de pâte sablée aux amandes. Réserver au frais pendant 15 min.
Détailler trois abaisses de 22 cm de diamètre.
Tempérer du beurre en pommade puis, à l'aide d'un pinceau, beurrer légèrement les cercles.
Poser l'abaisse sur un plan de travail légèrement fariné et foncer le cercle. Déposer le fonçage sur une feuille de papier cuisson, puis réserver au frais pendant 20 min. À l'aide d'un couteau d'office, couper l'excédent de la bordure de la tarte.
Garnir les fonds de tarte d'appareil mirliton sur 5 mm épaisseur. Enfourner à 165°C pendant 30 à 40 min.
Laisser refroidir sur grille à la sortie du four.

Composition for 3 tarts serving 6/8 people, ring 3 cm high and 18 cm in diameter
Almond sable dough (recipe page 265)
Almond cream (recipe page 268)
White chocolate mix (recipe page 271)
Mirliton mix with blueberries
Blueberry-blackcurrant jam
Blueberries
Blueberry macaroons
Neutral frosting (recipe page 271)

Blueberry mirliton mix
160 g almond cream
160 g heavy cream
50 g granulated sugar
300 g whole eggs
5 g kirsch
1 vanilla pod
150 g drained blueberries

Method
Whisk the almond cream to make it smooth. Add the heavy cream, the sugar with the eggs and mix again.
Grate the vanilla pod then add to the mixture and pour on the kirsch. Add the pre-drained blueberries then mix delicately with a spatula.
Set aside.

Lining
Roll out three 180-g pieces of almond sable dough to a thickness of 2.5 cm using a dough sheeter. Keep in the refrigerator for 15 min. Trim to form three dough pieces 22 cm in diameter.
Temper some creamed butter then, using a brush, lightly grease the rings.
Place the rolled-out dough on a lightly floured worktop and line the ring. Put the lining on a sheet of cooking paper, then keep in the refrigerator for 20 min. Using a kitchen knife, cut the excess dough from the edge of the tart. Fill the tart bases with mirliton mix to a depth of 5 mm. Cook in a 165°C oven for 30 to 40 min.
Leave to cool on a rack once out of the oven.

Mélange myrtille

1,5 kg de myrtilles au sirop
100 g de glaçage neutre

Procédé

Lisser le glaçage neutre puis incorporer les myrtilles préalablement égouttées.
Réserver.

Confiture de myrtille-cassis

300 g de myrtilles
100 g de cassis
175 g de sucre semoule
75 g de sucre semoule
12 g de pectine jaune
5 g d'acide tartrique

Procédé

Dans une bassine à confiture, en cuivre, faire légèrement frémir les myrtilles avec les cassis.
Mélanger la pectine avec les 75 g sucre, puis l'incorporer aux fruits. Ajouter les 175 g du sucre puis cuire jusqu'à 102°C. En fin de cuisson ajouter l'acide tartrique et mélanger. Laisser refroidir.
Réserver au frais.

Macarons myrtille (pour 100 pièces environ)

500 g de tant-pour-tant amande
200 g de sucre glace
200 g de blancs d'œufs
50 g de sucre semoule
1 g de crème de tartre
56 g^tes de colorant violet
30 g^tes de colorant marron
10 g^tes de colorant noir
8 g^tes de colorant bleu
1 g^tes de colorant rouge

QS de confiture de myrtille-cassis

Procédé pour les coques et finition

Au cutter affiner le tant-pour-tant amande avec le sucre glace. Tamiser l'ensemble pour obtenir une poudre fine.
Monter au fouet, en 2e vitesse, les blancs d'œufs et la crème de tartre avec un dixième du poids de sucre. Ajouter les gouttes de colorant. Serrer le tout avec le restant de sucre et laisser meringuer quelques secondes.

Blueberry mixture

1.5 kg blueberries in syrup
100 g neutral frosting

Method

Smooth on the neutral frosting then fold in the pre-drained blueberries. Set aside.

Blueberry-blackcurrant jam

300 g drained frozen raspberries
100 g blackcurrants
175 g granulated sugar
75 g granulated sugar
12 g yellow pectin
5 g tartric acid

Method

In a copper jam basin, simmer the blueberries with the blackcurrants.
Mix the pectin with the 75 g of sugar, then fold into the fruits. Add the 175 g of sugar then cook to 102°C. At the end of cooking add the tartric acid and mix. Leave to cool.
Keep in the refrigerator.

Blueberry macaroons (for around 100 pieces)

500 g almond tant-pour-tant
200 g confectioner's sugar
200 g egg whites
50 g granulated sugar
1 g cream of tartar
56 drops purple coloring
30 drops brown coloring
10 drops black coloring
8 drops blue coloring
1 drops red coloring

SQ blueberry-blackcurrant jam

Method for the shells and finish

Using the cutting blade of the mixer, refine the almond tant-pour-tant with the confectioner's sugar. Sift together to obtain a fine powder.
At medium speed, whisk the egg whites and the cream of tartar with one tenth of the weight of sugar. Add the drops of coloring. Whisk until stiff with the rest of the sugar and leave for a few seconds to form a meringue texture.
Using a spatula, gradually fold the powder into the whisked

À la spatule, incorporer progressivement la poudre aux blancs montés, puis faire macaronner jusqu'à l'obtention d'une consistance lisse et brillante. Avec une poche à douille unie n° 8, dresser des petits macarons sur papier « spécial macarons ».
Faire cuire 4 à 5 min sur plaque doublée dans un four ventilé, régler à 150°C, tirage fermé, puis redescendre à 140°C tirage ouvert pendant 12 à 14 min. Dès la sortie du four, verser de l'eau entre la plaque et la feuille de cuisson. Attendre quelques minutes puis décoller les coques et les réserver sur plaque.
Pour finir, garnir de confiture de myrtille la moitié des coques de la plaque à l'aide d'une poche à douille unie, et assembler avec les coques restantes.
Réserver au frais.

Montage

Poser un cercle inox de hauteur 2 cm et de diamètre 16 cm sur la tarte.
Garnir et lisser à hauteur du mélange myrtille.
Retirer le cercle.
Disposer tout autour de la bordure de la tarte de petits macarons à la myrtille.
Réserver au frais.

whites, then mix with a scraper until you obtain a very smooth and shiny consistency. Using a frosting bag with a plain no. 8 nozzle, pipe out small macaroons onto "special macaroon" paper.
Cook for 4 to 5 min. on a double sheet in a ventilated oven, set to 150°C, vents closed, then lower to 140°C, vents open, for 12 to 14 min. Once out of the oven, pour water between the sheet and the cooking paper. Wait for a few minutes then unstick the shells and set aside on a tray.
To finish, fill half the shells on the tray with blueberry jam using a frosting bag with a plain nozzle, and assemble with the remaining shells.
Keep in the refrigerator.

Assembly

Place a stainless steel ring 2 cm high and 16 cm in diameter on the tart.
Fill and smooth to the top with the blueberry mixture.
Remove the ring.
Arrange small blueberry macaroons all around the edge of the tart.
Keep in the refrigerator.

53. Tarte citron meringué
Lemon meringue tart

Composition pour 3 tartes de 6/8 personnes
Pâte sablée aux amandes (recette page 265)
Crème au citron

Décor
Meringue italienne (recette page 270)
Julienne de zeste de citron

Crème au citron

125 g	de beurre
335 g	d'œufs entiers
225 g	de jus de citron jaune
15 g	de zeste de citron jaune
250 g	de sucre semoule
4 g	de gélatine en feuilles
10 g	de poudre à crème

Procédé
Faire bouillir le jus de citron, le beurre avec la moitié du sucre. Mélanger la poudre à crème avec le reste de sucre puis ajouter les œufs. Mélanger le tout au fouet. Chinoiser le liquide chaud sur le mélange puis cuire à feu doux jusqu'à l'obtention d'une crème citron homogène et lisse.
Ramollir la gélatine dans l'eau froide, l'égoutter, la faire fondre puis l'incorporer à la crème citron. Verser dans un candissoire, filmer au contact.
Réserver au frais.

Fonçage
Au laminoir, étaler à 2,5 cm trois abaisses de 180 g de pâte sablée aux amandes. Réserver au frais pendant 15 min.
Détailler trois abaisses de 22 cm de diamètre.
Tempérer du beurre en pommade puis, à l'aide d'un pinceau, beurrer légèrement les cercles.
Poser l'abaisse sur un plan de travail légèrement fariné et foncer le cercle. Déposer le fonçage sur une feuille de papier cuisson, puis réserver au frais pendant 20 min. À l'aide d'un couteau d'office, couper l'excédent de la bordure de la tarte.
Couper une feuille de papier cuisson du diamètre du fond de la tarte et la poser dans le fond de la tarte. Puis réaliser une bande de papier cuisson de 3 cm de largeur sur toute la longueur et la fixer autour de la tarte. Garnir ensuite de noyaux de cuisson.
Enfourner à 165°C pendant 25 à 35 min. Dès la sortie du four, laisser refroidir sur grille. Retirer les noyaux de cuisson et les feuilles de papier cuisson.
Réserver.

Composition for 3 tarts serving 6/8 people
Almond sable dough (recipe page 265)
Lemon cream

Decoration
Italian meringue (recipe page 270)
Lemon rind julienne

Lemon cream

125 g	butter
335 g	whole eggs
225 g	lemon juice
15 g	lemon rind
250 g	granulated sugar
4 g	gelatin sheet
10 g	cream powder

Method
Boil the lemon juice and butter with half the sugar.
Mix the cream powder with the rest of the sugar then add the eggs. Whisk. Strain the hot liquid onto the mixture then cook over a low heat until you obtain a smooth and even lemon cream.
Soften the gelatin in cold water, drain, melt, then fold into the lemon cream. Pour into a candying tray and cover with food wrap ensuring contact.
Keep in the refrigerator.

Lining
Roll out three 180-g pieces of almond sable dough to a thickness of 2.5 cm using a dough sheeter. Keep in the refrigerator for 15 min. Trim to form three pieces 22 cm in diameter.
Temper the creamed butter then, using a brush, lightly grease the rings.
Place the rolled-out dough on a lightly floured worktop and line the ring. Arrange the lining on a sheet of cooking paper, then keep in the refrigerator for 20 min.
Using a kitchen knife, trim the excess dough from the edge of the tart.
Cut a sheet of cooking paper to the diameter of the base of the tart and place in the base. Then cut a strip of cooking paper 3 cm wide all the way down and fix around the tart.
Fill with baking beans.
Place in a 165°C oven for 25 to 35 min. Once out of the oven, leave to cool on a rack. Remove the baking beans and the sheets of cooking paper.
Set aside.

Montage et finition

Garnir aux 3/4 le fond de tarte avec la crème citron et lisser à la palette. Décorer.
À l'aide d'une poche à douille unie n° 10, réaliser des flammèches en meringue italienne sur tout le pourtour de la crème.
Saupoudrer de sucre glace, puis enfourner à 230°C jusqu'à obtenir une légère coloration.
Laisser refroidir sur grille.
Saupoudrer de nouveau de sucre glace.
Réserver.

Assembly and finish

Fill the tart base 3/4-way up with lemon cream and smooth over with a palette knife. Decorate.
Using a frosting bag with a plain no. 10 nozzle, create little flame shapes from Italian meringue all around the edge of the cream.
Sprinkle with confectioner's sugar, then place in a 230°C oven until slightly browned.
Leave to cook on a rack.
Sprinkle again with confectioner's sugar.
Set aside.

54. Tarte nougat pommes
Apple nougat tart

Composition pour 3 tartes de 6/8 personnes
Pâte à foncer (recette page 265)
Crème d'amande (recette page 268)
Crème frangipane (recette page 268)
Pommes au four
Appareil amandes effilées

Pommes au four
2 kg de pommes Golden épluchées
160 g de beurre
160 g de sucre vanillé

Procédé
Couper les pommes en deux, puis les disposer sur une plaque à rebord, et les badigeonner de beurre fondu. Saupoudrer de sucre vanillé. Faire cuire à 180°C pendant 40 min.

Nb : les pommes doivent être cuites tout en restant entières et assez fermes.

Dès la sortie du four, laisser refroidir les pommes dans leur cuisson.
Réserver.

Appareil amandes effilées
200 g d'amandes effilées
200 g de blancs d'œufs non montés
200 g de sucre semoule

Procédé
Mélanger les trois ingrédients.
Réserver.

Montage et finition
Égoutter les pommes et les disposer sur le fond de tarte précuit. Bien tasser et lisser à la palette.
Verser l'appareil amandes effilées nougat pommes. Faire cuire sur plaque à 170°C pendant 25 à 35 min. Dès la sortie du four laisser refroidir sur grille.
Réserver.

Composition for 3 tarts serving 6/8 people
Lining dough (recipe page 265)
Almond cream (recipe page 268)
Frangipane cream (recipe page 268)
Baked apples
Slivered almond mix

Baked apples
2 kg peeled Golden Delicious apples
160 g butter
160 g vanilla sugar

Method
Cut the apples in two, then place on a baking sheet with a rim and dab with melted butter. Sprinkle with vanilla sugar. Cook at 180°C for 40 min.

Nb: the apples should be cooked while remaining whole and fairly firm.

Once out of the oven, leave the apples to cool in their cooking juice.
Set aside.

Slivered almond mix
200 g slivered almonds
200 g unwhisked egg whites
200 g granulated sugar

Method
Mix the three ingredients.
Set aside.

Assembly and finish
Drain the apples and arrange on the pre-cooked tart base. Pack well and smooth over with a palette knife.
Pour on the apple nougat-slivered almond mix. Cook on a sheet at 170°C for 25 to 35 min. Once out of the oven, leave to cool on a rack.
Set aside.

ECOLE
LENÔTRE

Chapitre 04

ÉCOLE LENÔTRE

Les Macarons / Macaroons

55. Macaron vanille
Vanilla macaroon

Composition pour 160 pièces environ

Crème au beurre vanille

100 g de lait
40 g de sucre semoule
3 gousses de vanille
85 g de jaunes d'œufs
45 g de sucre semoule
330 g de beurre
80 g de meringue italienne (recette page 270)

Procédé

Faire chauffer le lait avec la moitié du sucre et une gousse de vanille fendue en deux à 50°C.
Au fouet, mélanger les jaunes d'œufs avec le restant de sucre et y verser le lait chaud. Pocher au bain-marie jusqu'à 90°C.
Chinoiser dans la cuve d'un batteur puis, avec le fouet, faire refroidir jusqu'à 30°C.
Tempérer le beurre à 20°C, puis l'incorporer progressivement au mélange pour obtenir une émulsion. Ajouter délicatement la meringue italienne.
Réserver au frais à 3°C.

Macarons vanille

1 kg de tant-pour-tant amande
400 g de sucre glace
400 g de blancs d'œufs
100 g de sucre semoule
2 g de crème de tartre
8 gousses de vanille

QS de crème au beurre vanille

Procédé pour les coques et finition

Au cutter, affiner le tant-pour-tant amande avec le sucre glace et la pulpe grattée des gousses de vanille. Tamiser l'ensemble pour obtenir une poudre fine.
Au fouet, monter en 2e vitesse les blancs d'œufs et la crème de tartre avec un dixième du poids de sucre. Serrer le tout avec le sucre restant et laisser meringuer quelques secondes.
À la spatule, incorporer progressivement la poudre tamisée aux blancs montés, puis faire macaronner jusqu'à obtention d'une consistance lisse et brillante.
Pour finir, avec une poche à douille unie n° 10, dresser les macarons sur papier « spécial macarons ». Faire cuire 4 à 5 min sur plaque doublée dans un four ventilé à 150°C, tirage fermé, puis redescendre à 140°C, tirage ouvert, pendant 12 à 14 min.
Dès la sortie du four, verser de l'eau entre la plaque et la

Composition for around 160 pieces

Vanilla butter cream

100 g milk
40 g granulated sugar
3 vanilla pods
85 g egg yolks
45 g granulated sugar
330 g butter
80 g Italian meringue (recipe page 270)

Method

Heat the milk along with half the sugar and a vanilla pod split in half to 50°C.
Whisk the egg yolks with the rest of the sugar and pour the hot milk on. Poach, in a bain-marie, at 90°C. Strain into a mixer bowl then whisk until cooled to 30°C.
Temper the butter at 20°C, then fold gradually into the mixture to obtain an emulsion. Delicately add the Italian meringue.
Keep in the refrigerator at 3°C.

Vanilla macaroons

1 kg almond tant-pour-tant
400 g confectioner's sugar
400 g egg whites
100 g granulated sugar
2 g cream of tartar
8 vanilla pods

SQ vanilla butter cream

Method for the shells and finish

Using the cutting blade of a mixer, refine the almond tant-pour-tant with the confectioner's sugar and the grated pulp of the vanilla pods. Sift together to obtain a fine powder.
At medium speed, whisk the egg whites with the cream of tartar and one tenth of the weight of sugar. Whisk until stiff with the remaining sugar and leave for a few seconds to form a meringue texture. Using a spatula, gradually fold the sifted flour into the whipped whites, then mix until you obtain a very smooth and shiny consistency.
Using a frosting bag with a plain no. 10 nozzle, pipe out the macaroons onto "special macaroon" paper. Cook for 4 to 5 min. on a double sheet in a ventilated oven at 150°C, vents closed, then lower to 140°C, vents open, for 12 to 14 min. Once out of the oven, pour water between the sheet and the cooking paper. Wait for a few minutes, then unstick the shells and set

50 g	de poudre de cacao Extra brut
400 g	de sucre glace
400 g	de blancs d'œufs
100 g	de sucre semoule
20 g	de pulpe d'abricot
2 g	de crème de tartre
8 g^tes	de colorant rouge
QS	de ganache chocolat

Procédé pour les coques et finition
Au cutter affiner le tant-pour-tant amande avec le sucre glace, et la poudre. de cacao. Tamiser l'ensemble pour obtenir une poudre fine.
Procéder, ensuite, de la même manière que pour fabriquer les coques de macaron vanille (recette page 202).
Pour finir, à l'aide d'une poche à douille, garnir la moitié des coques de la plaque avec la ganache au chocolat et assembler avec les coques restantes.
Réserver au frais.

50 g	Extra Brut cocoa powder
400 g	confectioner's sugar
400 g	egg whites
100 g	granulated sugar
20 g	apricot pulp
2 g	cream of tartar
8 drops	red coloring
SQ	chocolate ganache

Method for the shells and finish
Using the cutting blade of a mixer refine the almond tant-pour-tant with the confectioner's sugar, and the cocoa powder. Sift together to obtain a fine powder.
Then proceed using the same method as with the vanilla macaroon shells (recipe page 202).
Using a frosting bag with a nozzle, fill half the shells on the tray with chocolate ganache and assemble with the remaining shells.
Keep in the refrigerator.

58. Macaron pistache
Pistachio macaroon

Composition pour 160 pièces environ

Massepain pistache

400 g	de pâte d'amande 50%
140 g	de pâte de pistache
70 g	de blancs d'œufs non montés
50 g	de beurre
15 g	de kirsch
3 g^tes	de colorant vert

Procédé
Au cutter, lisser la pâte d'amande en ajoutant la pâte de pistache. Incorporer progressivement les blancs d'œufs tempérés à 20°C. Tempérer également le beurre à 20°C, puis l'ajouter au mélange.

Composition for around 160 pieces

Pistachio marzipan

400 g	50% almond paste
140 g	pistachio paste
70 g	unwhisked egg whites
50 g	butter
15 g	kirsch
3 drops	green coloring

Method
Using the cutting blade of a mixer, mix the almond paste until smooth, adding the pistachio paste. Gradually fold in the egg whites tempered at 20°C. Also temper the butter at 20°C, then add to the mixture.

Ramollir la gélatine dans l'eau froide, l'égoutter, la faire fondre, puis l'incorporer au mélange.
Teinter la masse avec les gouttes de colorant vert.

Macarons pistache

800 g	de tant-pour-tant amande
100 g	de pistaches entières
100 g	de sucre glace
400 g	de sucre glace
400 g	de blancs d'œufs
100 g	de sucre semoule
2 g	de crème de tartre
8 g[tes]	de colorant jaune
30 g[tes]	de colorant noir
QS	de massepain pistache

Procédé pour les coques et finition

Au cutter, broyer les pistaches jusqu'à l'obtention d'une poudre, verser les 100 g de sucre glace. Ajouter le tant-pour-tant amande avec le sucre glace restant. Tamiser l'ensemble pour obtenir une poudre fine.
Procéder, ensuite, de la même manière que pour fabriquer les coques de macaron vanille (recette page 202).
Pour finir, à l'aide d'une poche à douille, garnir la moitié des coques de la plaque avec le massepain pistache et assembler avec les coques restantes.
Réserver au frais.

Soften the gelatin in cold water, drain, melt, then fold into the mixture.
Tint the mass with the drops of green coloring.

Pistachio macaroons

800 g	almond tant-pour-tant
100 g	whole pistachios
100 g	confectioner's sugar
400 g	confectioner's sugar
400 g	egg whites
100 g	granulated sugar
2 g	cream of tartar
8 drops	yellow coloring
30 drops	black coloring
SQ	pistachio marzipan

Method for the shells and finish

Using the cutting blade of a mixer, grind the pistachios to a powder, pour in the 100 g of confectioner's sugar. Add the almond tant-pour-tant with the remaining confectioner's sugar. Sift together to obtain a fine powder.
Then proceed using the same method as with the vanilla macaroon shells (recipe page 202).
To finish, fill half the shells on the tray with pistachio marzipan, using a frosting bag with a nozzle, and assemble with the remaining shells.
Keep in the refrigerator.

59. Macaron chocolat exotique
Exotic chocolate macaroon

Composition pour 160 pièces environ

Préparation des fruits

10 fruits de la Passion frais

Procédé

La veille, couper en deux les fruits de la Passion, retirer les graines, puis les laver à l'eau. Retirer les filaments, puis les mettre à sécher au four à 50°C pendant 3 heures. Une fois séchés, les frotter sur un tamis, pour retirer les filaments. Conserver les graines dans un endroit sec. Réserver la pulpe pour la ganache chocolat.

Ganache chocolat exotique

30 g de crème liquide 35 % mg
20 g de sucre inverti
150 g de pulpe de fruit de la Passion
110 g de purée de mangue
225 g de chocolat de couverture noir Ultime 70 %
170 g de chocolat de couverture au lait Papouasie 36 %

Procédé

Faire chauffer la crème avec le sucre inverti et, séparément, la pulpe de mangue et le jus de passion.
Au cutter, hacher les chocolats puis verser les liquides et mélanger sans y incorporer des bulles d'air. Verser dans un candissoire, filmer en contact et laisser prendre à 17°C.
Réserver au frais.

Macarons chocolat exotique

1 kg de tant-pour-tant amande
400 g de sucre glace
400 g de blancs d'œufs
100 g de sucre semoule
2 g de crème de tartre
QS de graines de fruit de la Passion séchées au four
140 gtes de colorant jaune
2 gtes de colorant rouge

QS de ganache chocolat exotique

Procédé pour les coques et fi nition

Au cutter, affiner le tant-pour-tant amande avec le sucre glace. Tamiser l'ensemble, pour obtenir une poudre fine. Parsemer de graines séchées de fruits de la Passion. Procéder, ensuite, de la même manière que pour fabriquer les coques de macaron vanille (recette page 202).
Pour finir, garnir de ganache au chocolat exotique la moitié des coques de la plaque à l'aide d'une poche à douille, et assembler avec les coques restantes. Réserver au frais.

Composition for around 160 pieces

Fruit preparation

10 Fresh Passion fruits

Method

The previous day, cut the Passion fruits in two, remove the seeds, then wash in water. Remove the threads, then put to dry in the oven at 50°C for 3 hours. Once dried, rub on a sieve to remove the threads.
Keep the seeds in a dry place. Keep the pulp for the chocolate ganache.

Exotic chocolate ganache

30 g 35% fat liquid cream
20 g invert sugar
150 g passion fruit pulp
110 g mango puree
225 g 70% Ultime dark chocolate couverture
170 g 36% Papouasie milk chocolate couverture

Method

Heat the cream with the invert sugar and, separately, the pulps with the fruit juice.
Using the cutting blade of a mixer, chop the chocolates then pour on the liquids and mix without adding any air bubbles. Pour into a candying tray, cover in food wrap ensuring contact and leave to set at 17°C. Keep in the refrigerator.

Exotic chocolate macaroons

1 kg almond tant-pour-tant
400 g confectioner's sugar
400 g egg whites
100 g granulated sugar
2 g cream of tartar
SQ passion fruit seeds dried in the oven
140 drops yellow coloring
2 drops red coloring

SQ exotic ganache

Method for the shells and finish

Using the cutting blade of a mixer, refine the almond tant-pour-tant with the confectioner's sugar. Sift together to obtain a fine powder. Sprinkle with dried passion fruit seeds. Then proceed using the same method as with the vanilla macaroon shells (recipe page 202).
To finish, fill half the shells on the sheet with exotic chocolate ganache using a frosting bag with a nozzle, and assemble with the remaining shells. Keep in the refrigerator.

2 g	de crème de tartre
180 g[tes]	de colorant jaune
2 g[tes]	de colorant bleu
QS	de gélifié de gentiane

Procédé pour les coques et finition
Au cutter affiner le tant-pour-tant amande, avec le sucre glace. Tamiser l'ensemble, pour obtenir une poudre fine. Procéder, ensuite, de la même manière que pour fabriquer les coques de macaron vanille (recette page 202).
Pour finir, poser les palets gélifiés de gentiane sur une moitié des coques de la plaque et assembler avec les coques restantes.
Réserver au frais.

2 g	cream of tartar
180 drops	yellow coloring
2 drops	blue coloring
SQ	gelled gentian

Method for the shells and finish
Using the cutting blade of a mixer refine the almond tant-pour-tant with the confectioner's sugar.
Sift together, to obtain a fine powder.
Then proceed using the same method as with the vanilla macaroon shells (recipe page 202).
To finish, place the gelled gentian discs on one half of the shells on the tray and assemble with the remaining shells.
Keep in the refrigerator.

67. Macaron framboise
Raspberry macaroon

Composition pour 160 pièces environ

Confiture de framboise

400 g	de framboises
175 g	de sucre semoule
75 g	de sucre semoule
12 g	de pectine jaune
5 g	d'acide tartrique

Procédé
Dans une bassine à confiture en cuivre, faire légèrement frémir les framboises. Mélanger la pectine avec les 75 g sucre, puis l'incorporer aux fruits. Ajouter les 175 g du sucre et cuire jusqu'à 102°C. En fin de cuisson, ajouter l'acide tartrique et mélanger. Laisser refroidir. Réserver au frais.

Macarons framboise

1 kg	de tant-pour-tant amande
400 g	de sucre glace
400 g	de blancs d'œufs

Composition for around 160 pieces

Raspberry jam

400 g	raspberries
175 g	granulated sugar
75 g	granulated sugar
12 g	yellow pectin
5 g	tartric acid

Method
In a copper jam basin, simmer the raspberries. Mix the pectin with the 75 g sugar, then fold into the fruits. Add the 175 g of sugar and cook to 102° C. At the end of cooking, add the tartric acid and mix. Leave to cool. Keep in the refrigerator.

Raspberry macaroons

1 kg	almond tant-pour-tant
400 g	confectioner's sugar
400 g	egg whites
100 g	granulated sugar

100 g de sucre semoule
2 g de crème de tartre
100 gtes de colorant rouge
16 gtes de colorant bleu
20 gtes de colorant jaune

QS de confiture de framboise

Procédé pour les coques et finition
Au cutter, broyer le tant-pour-tant amande avec le sucre glace. Tamiser l'ensemble, pour obtenir une poudre fine.
Procéder, ensuite, de la même manière que pour fabriquer les coques de macaron vanille (recette page 202).
Pour finir, garnir de confiture de framboise pépins la moitié des coques de la plaque à l'aide d'une poche à douille, et assembler avec les coques restantes. Réserver au frais.

2 g cream of tartar
100 drops red coloring
16 drops blue coloring
20 drops yellow coloring

SQ raspberry jam

Method for the shells and finish
Using the cutting blade of a mixer, refine the almond tant-pour-tant with the confectioner's sugar. Sift together to obtain a fine powder.
Then proceed using the same method as with the vanilla macaroon shells (recipe page 202).
To finish, fill half the shells on the sheet with raspberry seed jam using a frosting bag with a nozzle, assemble with the remaining shells. Keep in the refrigerator.

68. Macaron abricot
Apricot macaroon

Composition pour 160 pièces environ

Confiture d'abricot
400 g d'oreillons d'abricot frais
160 g de sucre semoule
75 g de sucre semoule
12 g de pectine jaune
3 g d'acide tartrique

Procédé
Laver les abricots, puis les couper en quatre.
Faire chauffer les 160 g de sucre puis saupoudrer les abricots. Laisser dégorger les fruits pendant 4 heures au frais tout en remuant de temps en temps. Dans une bassine à confiture en cuivre, faire légèrement frémir les abricots dégorgés et leur jus.
Mélanger la pectine avec les 75 g sucre, puis l'incorporer aux fruits. Laisser cuire jusqu'à 102°C. En fin de cuisson, ajouter l'acide tartrique et mélanger. Laisser refroidir.
Réserver au frais.

Composition for around 160 pieces

Apricot jam
400 g fresh apricot halves
160 g granulated sugar
75 g granulated sugar
12 g yellow pectin
3 g tartric acid

Method
Wash the apricots, then cut in four.
Heat the 160 g of sugar then sprinkle the apricots. Let the fruits soak for 4 hours in the refrigerator stirring occasionally.
In a copper jam basin, simmer the soaked apricots and their juice.
Mix the pectin with the 75 g sugar, then fold into the fruits.
Leave to cook at 102°C.
At the end of cooking, add the tartric acid and mix.
Leave to cool.
Keep in the refrigerator.

Macarons abricot

1 kg	de tant-pour-tant amande
400 g	de sucre glace
400 g	de blancs d'œufs
100 g	de sucre semoule
2 g	de crème de tartre
2 g[tes]	de colorant rouge
80 g[tes]	de colorant jaune
8 g[tes]	de colorant marron
QS	de confiture d'abricot

Procédé pour les coques et finition

Au cutter, affiner le tant-pour-tant amande avec le sucre glace. Tamiser l'ensemble, pour obtenir une poudre fine.
Procéder, ensuite, de la même manière que pour fabriquer les coques de macaron vanille (recette page 202).
Pour finir, garnir de confiture de d'abricot la moitié des coques de la plaque àcl'aide d'une poche à douille, et assembler avec les coques restantes.
Réserver au frais.

Apricot macaroons

1 kg	almond tant-pour-tant
400 g	confectioner's sugar
400 g	egg whites
100 g	granulated sugar
2 g	cream of tartar
2 drops	red coloring
80 drops	yellow coloring
8 drops	brown coloring
SQ	apricot jam

Method for the shells and finish

Using the cutting blade in the mixer, refine the almond tant-pour-tant with the confectioner's sugar. Sift together to obtain a fine powder.
Then proceed using the same method as with the vanilla macaroon shells (recipe page 202).
To finish, fill half the shells on the sheet with apricot jam using a frosting bag with a nozzle, and assemble with the remaining shells. Keep in the refrigerator.

69. Macaron fraise des bois
Wild strawberry macaroon

Composition pour 160 pièces environ

Confiture de fraise des bois

400 g	de fraises de bois
175 g	de sucre semoule
75 g	de sucre semoule
12 g	de pectine jaune
5 g	de jus de citron

Procédé

Égoutter les fraises des bois.
Dans une bassine à confiture en cuivre faire légèrement frémir les fraises des bois. Mélanger la pectine avec les 75 g sucre, puis l'incorporer aux fruits. Ajouter les 175 g du sucre puis cuire jusqu'à 102°C. En fin de cuisson ajouter le jus de citron et mélanger. Laisser refroidir. Réserver au frais.

Composition for around 160 pieces

Wild strawberry jam

400 g	wild strawberries
175 g	granulated sugar
75 g	granulated sugar
12 g	yellow pectin
5 g	lemon juice

Method

Drain the wild strawberries.
In a copper jam basin, lightly simmer the wild strawberries. Mix the pectin with the 75 g sugar, then fold into the fruits. Add the 175 g sugar then cook to 102°C. At the end of cooking, add the lemon juice and mix. Leave to cool. Keep in the refrigerator.

Macarons fraise des bois

1 kg	de tant-pour-tant amande
400 g	de sucre glace
400 g	de blancs d'œufs
100 g	de sucre semoule
2 g	de crème de tartre
100 g^tes^	de colorant jaune
16 g^tes^	de colorant rouge
20 g^tes^	de colorant jaune
QS	de confiture de fraise des bois

Procédé pour les coques et finition

Au cutter, affiner le tant-pour-tant amande avec le sucre glace. Tamiser l'ensemble, pour obtenir une poudre fine. Procéder, ensuite, de la même manière que pour fabriquer les coques de macaron vanille (recette page 202).
Pour finir, garnir de confiture de fraise des bois la moitié des coques de la plaque à l'aide d'une poche à douille, et assembler avec les coques restantes. Réserver au frais.

Wild strawberry macaroons

1 kg	almond tant-pour-tant
400 g	confectioner's sugar
400 g	egg whites
100 g	granulated sugar
2 g	cream of tartar
100 drops	yellow coloring
16 drops	red coloring
20 drops	yellow coloring
SQ	wild strawberry jam

Method for shells and finish

Using the cutting blade in the mixer, refine the almond tant-pour-tant with the confectioner's sugar. Sift together to obtain a fine powder.
Then proceed using the same method as with the vanilla macaroon shells (recipe page 202).
To finish, fill half the shells on the sheet with wild strawberry jam using a frosting bag with a nozzle, and assemble with the remaining shells. Keep in the refrigerator.

70. Macaron noix
Walnut macaroon

Composition pour 160 pièces environ

Massepain noix

- 220 g de sucre semoule
- 30 g de sirop de glucose
- 80 g d'eau
- 340 g de cerneaux de noix
- 120 g de blancs d'œufs non montés
- 10 g de crème liquide 35 % mg
- 40 g de kirsch

Procédé

Faire cuire l'eau avec le sucre à 121 °C.
Au cutter, mixer les cerneaux de noix en poudre puis verser le sucre cuit. Mélanger jusqu'à l'obtention d'une pâte lisse. Incorporer progressivement les blancs d'œufs non montés. Ajouter la crème liquide et le kirsch. Verser dans un candissoire, filmer au contact.
Réserver.

Macarons noix

- 250 g de cerneaux de noix
- 250 g de sucre glace
- 500 g de tant-pour-tant amande
- 400 g de sucre glace
- 400 g de blancs d'œufs
- 100 g de sucre semoule
- 2 g de crème de tartre
- 16 g[tes] de colorant marron

- QS de massepain noix

Procédé pour les coques et finition

Au cutter, broyer les cerneaux de noix jusqu'à l'obtention d'une poudre, verser les 250 g de sucre glace. Ajouter le tant-pour-tant amande avec le sucre glace. Tamiser l'ensemble pour obtenir une poudre fine.
Procéder, ensuite, de la même manière que pour fabriquer les coques de macaron vanille (recette page 202).
Pour finir, garnir la moitié des coques de la plaque avec le massepain aux noix à l'aide d'une poche à douille, et assembler avec les coques restantes. Réserver au frais.

Composition for around 160 pieces

Walnut marzipan

- 220 g granulated sugar
- 30 g glucose syrup
- 80 g water
- 340 g walnut kernels
- 120 g unwhisked egg whites
- 10 g 35% fat liquid cream
- 40 g kirsch

Method

Cook the water with the sugar at 121 °C.
Using the cutting blade of a mixer, mix the walnut kernels to a powder then pour the cooked sugar in. Mix until you obtain a smooth paste. Gradually fold in the unwhisked egg whites. Add the liquid cream and the kirsch. Pour into a candying tray and cover with food wrap ensuring contact.
Set aside.

Walnut macaroons

- 250 g walnut kernels
- 250 g confectioner's sugar
- 500 g almond tant-pour-tant
- 400 g confectioner's sugar
- 400 g egg whites
- 100 g granulated sugar
- 2 g cream of tartar
- 2 drops brown coloring

- SQ walnut marzipan

Method for the shells and finish

Using the cutting blade of a mixer, grind the walnut kernels to a powder and pour on the 125 g of confectioner's sugar. Add the almond tant-pour-tant with the confectioner's sugar. Sift together to obtain a fine powder.
Then proceed using the same method as with the vanilla macaroon shells (recipe page 202).
To finish, fill half the sheets on the tray with the walnut marzipan, using a frosting bag with a nozzle, and assemble with the remaining shells. Keep in the refrigerator.

Chapitre 05

ÉCOLE LENÔTRE

Les gourmandises / Sweets

79. Brownie en feuille d'or Gold-leaf covered brownie

Pour 45 portions environ

Pâte à brownie

500 g	de chocolat de couverture noir Favorites mi-amère 58 %
425 g	de beurre
200 g	de farine
25 g	de fécule de pommes de terre
350 g	d'œufs entiers
400 g	de sucre semoule
50 g	de sucre inverti
2 g	de sel fin
12 g	de vanille liquide
220 g	de crème liquide 35 % mg
50 g	d'orange confite
150 g	de noix de pécan
50 g	de noisettes entières

Procédé

Faire fondre le chocolat à 45°C.
Tempérer le beurre à 22°C.
Concasser les noix de pécan, les noisettes préalablement grillées, et hacher finement l'orange confite puis mélanger le tout.
À l'aide d'un fouet, mélanger les œufs entiers, le sel, et le sucre semoule. Ajouter la crème liquide, la vanille liquide et le sucre inverti.
Mélanger le chocolat fondu avec le beurre tempéré. Verser progressivement le mélange chocolat/beurre dans le mélange œufs, sucres et crème puis mélanger au fouet. Incorporer la farine avec la fécule préalablement tamisée et le mélange de fruits à l'aide d'une spatule. Verser dans un moule carré de 3 cm de hauteur et enfourner à 165°C pendant 30 à 35 min.

Nb : ne pas faire trop cuire la pâte à brownie.

Dès la sortie du four, laisser refroidir quelques minutes dans le moule, puis démouler. Réserver sur grille, puis filmer entièrement le brownie.

Finition et décoration

À l'aide d'un pinceau, recouvrir toute la surface de feuille d'or et décorer de noisettes caramélisées.
Couper les bordures pour obtenir des coupes nettes.
Poser sur carton or. Réserver.

For around 45 portions

Brownie dough

500 g	58% semi-bitter Favorites dark chocolate couverture
425 g	butter
200 g	flour
25 g	potato starch
350 g	whole eggs
400 g	granulated sugar
50 g	invert sugar
2 g	fine salt
12 g	liquid vanilla
220 g	35% fat liquid cream
50 g	candied orange
150 g	pecans
50 g	whole hazelnuts

Method

Melt the chocolate at 45°C.
Temper the butter at 22°C.
Grind the pecans and the pre-toasted hazelnuts, chop up the candied orange finely, then mix together.
Whisk the whole eggs, salt and granulated sugar. Add the liquid cream, the liquid vanilla and the invert sugar.
Mix the melted chocolate with the tempered butter. Gradually pour the chocolate/butter mixture into the egg, sugar and cream mixture then whisk. Fold in the flour with the pre-sifted starch and the fruit mixture using a spatula. Pour into a square mold 3 cm high and place in a 165°C oven for 30 to 35 min.

Nb: do not over-cook the brownie dough.

Once out of the oven, leave to cool for a few minutes before unmolding.
Keep on a rack, then cover the brownies entirely in wrap.

Finish and decoration

Brush the entire surface with gold leaf and decorate with caramalized hazelnuts.
Trim the edges to obtain a clean cut.
Place on gold cardboard. Set aside.

83. Caramel chocolat
Chocolate caramel

Pour 1 cadre inox de 25 cm par 35 cm (règles inox) et de 1 cm de hauteur

Ingrédients

100 g	d'eau
400 g	de crème liquide 35 % mg
1 g	de sel de Guérande
65 g	de sirop de glucose
650 g	de sucre semoule
280 g	de beurre
4 g	de lécithine E 322
200 g	de pâte de cacao Grand Caraque 100 %

Procédé

Dans une bassine en cuivre, faire cuire l'eau avec le sucre et le glucose à 145°C (légèrement blond).
Faire bouillir la crème, le sucre inverti et le sel dans une casserole. Procéder alors de même que pour le caramel vanille (page 242).
Faire fondre le chocolat puis ajouter le beurre tempéré à 22°C, mélanger puis ajouter la lécithine.
Hors du feu, incorporer le mélange chocolat/beurre au sucre cuit à 145°C tout en répartissant la matière grasse. Verser le caramel chocolat dans un cadre en inox (constitué par des règles) préalablement huilé et sous lequel une toile Exopat® a été posée. Laisser refroidir à température ambiante pendant 24 h.

Finition

Décadrer et détailler des caramels individuels de 4 cm de côtés ou plus petits au couteau de tour.
Réserver en sachets de confiserie à 17°C.

For 1 stainless steel frame measuring 25 cm by 35 cm (stainless steel straight edges) and 1 cm high

Ingredients

100 g	water
400 g	35% fat liquid cream
1 g	Guérande sea salt
65 g	glucose syrup
650 g	granulated sugar
280 g	butter
4 g	lecithin E 322
200 g	100% Grand Caraque cocoa paste

Method

In a copper basin, cook the water with the sugar and the glucose at 145°C (very light brown color).
Boil the cream, the invert sugar and the salt in a saucepan. Then proceed using the same method as with the vanilla caramel (page 242).
Melt the chocolate then add the tempered butter at 22°C, mix then add the lecithin.
Away from the heat, fold the chocolate/butter mixture into the cooked sugar at 145°C while distributing the fat. Pour the chocolate caramel into a pre-oiled stainless steel frame (created by straight edges) under which an Exopat® mat has been placed. Leave to cool at room temperature for 24 hours.

Finish

Remove from the frame and cut out individual caramels with sides measuring 4 cm or smaller using a pastry knife.
Keep in candy bags at 17°C.

84. Pâte de fruit cassis et passion
Blackcurrant and passion fruit jelly

Pour 1 cadre inox à rebord de 35 cm par 35 cm sur 1 cm de hauteur

Ingrédients

800 g	de pulpe de cassis
800 g	de pulpe de passion
42 g	de pectine jaune
150 g	de sucre cristal
500 g	de sirop de glucose
1,75 kg	de sucre cristal
5 g	d'acide tartrique liquide E 334
QS	de sucre cristal (pour l'enrobage)

Procédé

Dans une bassine en cuivre, verser les pulpes de fruit.
Mélanger à sec, la pectine jaune avec les 150 g de sucre, puis verser ce mélange dans les purées de fruit tiédies à 50°C. Mélanger au fouet pour éviter la formation de grumeaux de pectine. Laisser gonfler la pectine pendant quelques secondes puis incorporer le sucre cristal et le sirop de glucose. Porter à ébullition, puis retirer l'écume qui se forme en surface. Faire cuire la pâte de fruit entre 105 et 106°C.

Nb : remuer de temps en temps pour éviter que le mélange n'adhère au fond de la bassine.

En fin de cuisson et hors du feu, incorporer l'acide tartrique. Verser dans un cadre inox, préalablement chemisé d'une feuille de papier cuisson. Saupoudrer légèrement de sucre cristal, puis laisser refroidir pendant 24 h.

Finition

Décadrer et retirer la feuille de papier cuisson.
Détailler la pâte de fruit passion cassis en cubes de 1 cm à la guitare.
Enrober les pâtes de fruits de sucre cristal.
Retirer l'excédent au tamis.
Disposer les pâtes de fruit dans des boîtes à confiserie.

For 1 stainless steel frame with a rim 35 cm by 35 cm and 1 cm high

Ingredients

800 g	blackcurrant pulp
800 g	passion fruit pulp
42 g	yellow pectin
150 g	crystal sugar
500 g	glucose syrup
1.75 kg	crystal sugar
5 g	liquid tartric acid E 334
SQ	crystal sugar (for coating)

Method

Pour the fruit pulps into a copper basin.
Mix the yellow pectin with the 150 g of sugar, without liquid, then pour this mixture into the lukewarm fruit purees at 50°C. Whisk to prevent the formation of lumps of pectin. Allow the pectin to swell for a few seconds then fold in the crystal sugar and the glucose syrup. Bring to the boil, then remove the foam that forms on the surface. Cook the fruit jelly at between 105 and 106°C.

Nb: Stir from time to time to prevent the mixture from sticking to the bottom of the basin.

At the end of cooking and away from the heat, fold in the tartric acid. Pour into a stainless steel frame, pre-lined with a sheet of cooking paper. Sprinkle lightly with crystal sugar, then leave to cool for 24 hours.

Finish

Remove from the frame and take out the sheet of cooking paper.
Cut some blackcurrant passion fruit jelly into 1-cm cubes using a guitar cutter.
Coat the fruit jellies in crystal sugar.
Shake off any excess using a sieve.
Arrange the fruit jellies in candy boxes.

87. Le zébré
"Stripy" chocolate candy

Pour un cadre de 20 mm d'épaisseur

Composition pour 240 bonbons environ
Duja
Gianduja lait
Gianduja noir
Couverture tempérée

Duja

500 g	d'amandes entières
500 g	de noisettes entières
1 kg	de sucre glace

Procédé
Au four à 150°C, faire griller à cœur les amandes et les noisettes sur plaque séparées. À la sortie du four, laisser refroidir sur plaque.
Avec un cutter, broyer les fruits secs grillés afin d'obtenir une poudre. Ensuite, incorporer le sucre glace, broyer de nouveau pour affiner la poudre. Avec une broyeuse, passer 4 à 5 fois cette préparation de façon à obtenir une poudre encore plus fine.
Verser la préparation obtenue dans une cuve de batteur, puis à l'aide de la feuille, homogénéiser pendant 3 min jusqu'à l'obtention d'une pâte de duja.

Gianduja lait

1,34 kg	de duja
200 g	de beurre de cacao
65 g	de chocolat de couverture lait Élysée 36 %

Procédé
Faire chauffer à 40°C le duja.
Faire fondre le beurre de cacao et le chocolat à 40°C. Mélanger ensemble les trois ingrédients.
Tempérer à 22°C la pâte de gianduja pour obtenir une pâte souple.

Gianduja noir

670 g	de duja
65 g	de beurre de cacao
85 g	de pâte de cacao Grand Caraque 100 %

Procédé
Faire chauffer à 40°C le duja.

For a frame 20 mm thick

Composition for around 240 candies
Duja
Light gianduja
Cocoa gianduja
Tempered couverture

Duja

500 g	whole almonds
500 g	whole hazelnuts
1 kg	confectioner's sugar

Method
In a 150°C oven, toast the almonds and hazelnuts to the core on separate sheets. Once out of the oven, leave to cool on a sheet.
Using the cutting blade of the mixer, grind the toasted dried fruit to a powder. Next, fold in the confectioner's sugar and grind again to refine the powder. Put the preparation through a grinder 4 to 5 times to obtain an even finer result.
Pour the preparation obtained into the bowl of a mixer then, using the flat blade, homogenize for 3 min. until you obtain a duja paste.

Light gianduja

1.34 kg	duja
200 g	cocoa butter
65 g	36% Elysée light chocolate couverture

Method
Heat the duja to 40°C.
Melt the butter, cocoa and chocolate at 40°C. Mix the three ingredients together.
Temper the gianduja paste at 22°C to obtain a soft paste.

Cocoa Gianduja

670 g	duja
65 g	cocoa butter
85 g	100% Grand Caraque cocoa paste

Method
Heat the duja to 40°C.
Melt the cocoa butter and chocolate at 40°C. Mix the three

PCB avec un décor spécial « feuille d'or ».
Laisser cristalliser pendant environ 6 h à 17°C.
Retirer la feuille plastique et décoller les palets or.
Les présenter dans des boîtes à confiserie.

printed sheet on each one with a special "gold leaf" decoration.
Leave to crystallize for around 6 hours at 17°C.
Remove the plastic sheet and unstick the "palets d'or."
Present them in candy boxes.

89. Truffes au chocolat
Chocolate truffles

Pour 150 truffes environ

Ganache chocolat

570 g	de crème liquide 35 % mg
45 g	de sirop de glucose
45 g	de sucre inverti
700 g	de chocolat de couverture noir Favorites mi-amère 58 %
25 g	de beurre
QS	de cacao poudre Extra Brut

Procédé

Faire chauffer la crème, le sirop de glucose avec le sucre inverti à 85°C.
Au cutter, hacher le chocolat, verser le liquide chaud puis mélanger pour obtenir une ganache. Redescendre à 40°C, puis incorporer le beurre en pommade. Verser dans un candissoire, filmer en contact puis conserver à 17°C.

Dressage

À l'aide d'une poche à douille unie n° 10, dresser des truffes sur feuille guitare. Laisser durcir les truffes à une température de 17°C pendant 3 h.
À la main, munie d'un gant plastique, coller les truffes deux à deux, côté base, puis les rouler. Laisser durcir à nouveau.
Puis, les enrober avec une très fine épaisseur de chocolat tempéré.
Les déposer dans un candissoire rempli de cacao poudre et les faire rouler à l'aide d'une broche ronde à chocolat.
Tamiser les truffes.
Réserver en sachets de confiserie.

For around 150 truffles

Chocolate ganache

570 g	35% fat liquid cream
45 g	glucose syrup
45 g	invert sugar
700 g	58% semi-bitter Favorites dark chocolate couverture
25 g	butter
SQ	Extra Brut cocoa powder

Method

Heat the cream and glucose syrup with the invert sugar at 85°C.
Using the cutting blade of a mixer, chop the chocolate, pour on the hot liquid then mix to obtain a ganache. Lower the temperature to 40°C, then fold in the creamed butter. Pour into a candying tray, cover in food wrap ensuring contact then keep at 17°C.

Assembly

Using a frosting bag with a plain no. 10 nozzle, pipe out the truffles onto a polyethylene sheet. Leave to harden at a temperature of 17°C for 3 hours.
By hand, and wearing a plastic glove, stick the truffles together in twos, by the bottoms, then roll them. Leave to harden again.
Next, coat with a very thin layer of tempered chocolate.
Arrange in a candying tray filled with cocoa powder and roll them using a round chocolate fork.
Sift the truffles.
Keep in candy bags.

90. Truffes fine champagne
Fine champagne truffles

Pour 140 truffes environ

Ganache au chocolat

- 165 g de crème liquide 35 % mg
- 30 g de sucre inverti
- 385 g de chocolat ivoire Blanc Satin
- 90 g de couverture lait Élysée 36 % (enrobage)
- 80 g de gianduja
- 30 g de beurre
- 60 g de cognac fine champagne
- 140 coques vides lait PCB Création
- QS de sucre glace pour le décor
- QS de couverture lait Élysée 36 % (enrobage)

Procédé

Faire chauffer la crème liquide avec la sucre inverti.
Au cutter, hacher le chocolat, puis verser la crème à 85°C. Mélanger le tout jusqu'à l'obtention d'une ganache chocolat homogène.
Tempérer le beurre à 20°C, l'incorporer à la ganache et mélanger le tout. Ajouter le cognac. Verser dans un candissoire, filmer au contact.
Réserver à 17°C pendant 12 h.

Dressage

À l'aide d'une poche à douille unie n° 6, garnir les coques vides en chocolat de ganache. Laisser durcir la surface de la ganache à 17°C pendant 4 à 5 heures. Avec de la couverture tempérée, refermer les coques. Laisser cristalliser pendant 2 à 3 heures. Enrober d'une très fine épaisseur de couverture tempérée, puis déposer les truffes dans un candissoire rempli de sucre glace. Faire rouler les truffes à l aide d'une broche ronde à chocolat. Les tamiser.
Réserver en sachets de confiserie.

For around 140 truffles

Chocolate ganache

- 165 g 35% fat liquid cream
- 30 g invert sugar
- 385 g Blanc Satin ivory chocolate
- 90 g 36% Elysée light couverture (coating)
- 80 g gianduja
- 30 g butter
- 60 g fine champagne cognac
- 140 PCB Création empty milk chocolate shells
- SQ confectioner's sugar for the decoration
- SQ 36% Elysée light couverture (coating)

Method

Heat the liquid cream with the invert sugar
Using the cutting blade of a mixer, chop the chocolate, then pour on the cream at 85°C. Mix to obtain a smooth chocolate ganache.
Temper the butter at 20°C, fold into the ganache and mix. Add the cognac. Pour into a candying tray, cover in food wrap ensuring contact.
Keep at 17°C for 12 hours.

Assembly

Using a frosting bag with a plain no. 6 nozzle, fill the empty shells with chocolate ganache. Let the surface of the ganache harden at 17°C for 4 to 5 hours. Using tempered couverture, close the shells again. Leave to crystallize for 2 to 3 hours. Coat with a very thin layer of tempered couverture, then arrange the truffles in a candying tray filled with confectioner's sugar. Roll the truffles using a round chocolate fork. Sift.
Keep in candy bags.

Chapitre 06

ÉCOLE LENÔTRE

Les recettes de base / Basic recipes

Les biscuits

Biscuit cuillère

Ingrédients

15 g de sucre semoule
375 g de farine
375 g de fécule de pomme de terre
750 g de sucre semoule
750 g de jaunes d'œufs
900 g de blancs d'œufs

Procédé

Tamiser la farine et la fécule.
Monter les blancs avec la moitié du sucre et les serrer avec le sucre restant. Incorporer les jaunes d'œufs en première vitesse. Verser en pluie la farine et la fécule tamisée sur le mélange.

Nb : pour le biscuit rose, ajouter 30 gouttes de colorant rouge dans les blancs d'œufs avant de les monter en neige.

En chablon

Mouler en chablon de 1 cm d'épaisseur ou dresser à l'aide d'une poche à douille unie.

Ou à la poche

À la poche à douille n° 15, dresser la pâte à biscuit en forme de bâtonnets de 7 cm de longueur légèrement soudés les uns aux autres.
Saupoudrer de sucre glace et laisser dissoudre quelques minutes, puis renouveler l'opération avant d'enfourner. Faire cuire à 170°C pendant 12 min, tirage ouvert. Dès la sortie du four, laisser refroidir sur grille. Filmer. Surgeler.

Biscuit chocolat noisette

Ingrédients

250 g de beurre
750 g de jaunes d'œufs
640 g de sucre semoule
750 g de blancs d'œufs
150 g de sucre semoule
250 g de cacao en poudre
375 g de farine
300 g de noisettes entières

Procédé

Faire griller les noisettes au four à 150°C pendant 20 min.
Faire fondre le beurre à 30°C.
Tamiser la farine avec le cacao en poudre, puis ajouter les noisettes grillées et préalablement concassées.
Au fouet, monter les jaunes d'œufs avec les 640 g de sucre.
Au fouet, monter les blancs d'œufs avec la moitié du sucre et les serrer avec le restant de sucre, puis les incorporer au mélange jaunes/sucre. Mélanger délicatement. Incorporer la farine et le cacao tamisés puis les noisettes au mélange.

Sponges

Lady finger

Ingredients

15 g granulated sugar
375 g flour
375 g potato starch
750 g granulated sugar
750 g egg yolks
900 g egg whites

Method

Sift the flour and starch.
Whisk the whites with half the sugar then whisk until stiff with the remaining sugar. Fold in the egg yolks at low speed. Sprinkle the flour and sifted starch onto the mixture.

Nb: for the pink sponge, add 30 drops red coloring to the egg whites before whisking them.

In a stencil

Mold in a stencil 1 cm thick or pipe out using a frosting bag with a plain nozzle.

Or using a bag

Using a frosting bag with a no. 15 nozzle, pipe the sponge dough out into finger shapes 7 cm long slightly touching.
Sprinkle with confectioner's sugar and leave to dissolve for a few minutes, then repeat the operation before placing in the oven. Cook at 170°C for 12 min., vents open. Once out of the oven, leave to cool on a rack. Wrap. Freeze.

Chocolate hazelnut sponge

Ingredients

250 g butter
750 g egg yolks
640 g granulated sugar
750 g egg whites
150 g granulated sugar
250 g cocoa powder
375 g flour
300 g whole hazelnuts

Method

Toast the hazelnuts in the oven at 150°C for 20 min.
Melt the butter at 30°C.
Sift the flour with the cocoa powder, then add the pre-ground toasted hazelnuts.
Whisk the egg yolks with the 640 g of sugar.
Whisk the egg whites with half the sugar, further whisk until stiff with the rest of the sugar then fold into the yolks/sugar mixture. Mix delicately. Fold the flour and sifted cocoa then the hazelnuts into the mixture. Fill greased and floured rings

Garnir aux 3/4 des cercles de 18 cm de diamètre et de 5 cm de hauteur, préalablement beurrés et farinés. Faire cuire à 165°C pendant environ 45 min, tirage ouvert. Dès la sortie du four, laisser refroidir sur grille. Filmer et surgeler.

Biscuit chocolat sans farine

Ingrédients

- 500 g de blancs d'œufs
- 85 g de sucre semoule
- 250 g de chocolat de couverture noir Ultime 70 %
- 60 g de beurre
- 50 g de jaunes d'œufs

Procédé

Monter les blancs avec la moitié du sucre et les serrer avec le sucre qui reste. Faire fondre la couverture à 45°C. Tempérer le beurre à 25°C. Mélanger la couverture avec le beurre tempéré. Ajouter les jaunes d'œufs puis les blancs d'œufs montés. Mélanger délicatement. Ajouter le beurre et les jaunes d'œufs.

En Flexipat®

Dresser la pâte à biscuit sur un Flexipat® de 40 cm par 60 cm.

Ou en chablon

Garnir des chablons de 18 cm de diamètre sur 1 cm de hauteur. Faire cuire à 170°C pendant 15 min. Dès la sortie du four, laisser refroidir sur grille. Démouler filmer et surgeler.

Biscuit chocolat classique

Ingrédients

- 200 g de sucre semoule
- 325 g de jaunes d'oeufs
- 180 g de farine
- 70 g de cacao
- 100 g de beurre
- 100 g de sucre semoule
- 325 g de blancs d'œufs

Procédé

Monter au fouet les jaunes d'œufs avec le sucre.
Monter au fouet les blancs d'œufs avec la moitié du sucre et les serrer avec le sucre restant, incorporer la farine et le cacao préalablement tamisés et ajouter le beurre fondu froid. Garnir aux 3/4 des cercles de 18 cm de diamètre et de 5 cm de hauteur préalablement beurrés et farinés. Faire cuire à 165°C pendant environ 45 min tirage ouvert. Dès la sortie du four, laisser refroidir sur grille. Filmer et surgeler.

Biscuit viennois

Ingrédients

- 300 g de tant-pour-tant amande
- 70 g de jaunes d'œufs

18 cm in diameter and 5 cm high to 3/4-way up. Cook at 165°C for around 45 min., vents open. Once out of the oven, leave to cool on a rack. Wrap and freeze.

Flourless chocolate sponge

Ingredients

- 500 g egg whites
- 85 g granulated sugar
- 250 g 70% Ultime dark chocolate couverture
- 60 g butter
- 50 g egg yolks

Method

Whisk the whites with half the sugar and further whisk with the remaining sugar until stiff. Melt the couverture at 45°C. Temper the butter at 25°C. Mix the couverture with the tempered butter. Add the egg yolks then the whisked egg whites. Mix delicately. Add the butter and egg yolks.

In a Flexipat®

Pipe the sponge dough onto a Flexipat® mat 40 cm by 60 cm.

Or in a stencil

Fill stencils 18 cm in diameter by 1 cm high. Cook at 170°C for 15 min. Once out of the oven, leave to cool on a rack. Unmold, wrap and freeze.

Classic chocolate sponge

Ingredients

- 200 g granulated sugar
- 325 g egg yolks
- 180 g flour
- 70 g cocoa
- 100 g butter
- 100 g granulated sugar
- 325 g egg whites

Method

Whisk the egg yolks with the sugar.
Whisk the egg whites with half the sugar and further whisk with the remaining sugar until stiff, folding in the sifted flour and cocoa and add the cold melted butter. Fill greased and floured rings 18 cm in diameter and 5 cm high to 3/4-way up. Cook at 165°C for around 45 min., vents open. Once out of the oven, leave to cool on a rack. Wrap and freeze.

Viennese sponge

Ingredients

- 300 g almond tant-pour-tant
- 70 g egg yolks
- 125 g whole eggs

125 g	d'œufs entiers
275 g	de blancs d'œufs
100 g	de sucre semoule
2 g	de crème de tartre
120 g	de farine
70 g	d'amandes hachées

Procédé
Monter au fouet en 2e vitesse le tant-pour-tant, les jaunes d'œufs avec les œufs. Tamiser la farine. Monter les blancs d'œufs avec la moitié du sucre et la crème de tartre, serrer le tout avec le reste du sucre, puis incorporer les incorporer délicatement au mélange. Ajouter délicatement la farine tamisée. Garnir en chablon de 16 cm de diamètre de 1 cm de hauteur. Parsemer des amandes hachées. Faire cuire à 170°C pendant 15 min, tirage fermé. Dès la sortie du four, laisser refroidir sur grille. Filmer et surgeler.

Biscuit aux noix

Ingrédients

270 g	de tant-pour-tant amande
270 g	de tant-pour-tant noix
220 g	d'œufs entiers
80 g	de jaunes d'œufs
400 g	de blancs d'œufs
170 g	de sucre semoule
4 g	de crème de tartre
100 g	de farine

Procédé
Au fouet en 2e vitesse, monter les tant-pour-tant amande et noix, les jaunes d'œufs avec les œufs. Tamiser la farine. Monter les blancs d'œufs avec la moitié du sucre et la crème de tartre, serrer le tout avec le reste du sucre puis incorporer délicatement au mélange. Ajouter progressivement la farine tamisée. Garnir en chablon de 16 cm de diamètre et 1 cm de hauteur. Faire cuire à 170°C pendant 15 min, tirage fermé. Dès la sortie du four, laisser refroidir sur grille. Filmer et surgeler.

Biscuit amande (montage entremets ou biscuit décor)

Ingrédients

900 g	de tant-pour-tant amande
120 g	de farine
600 g	d'œufs
90 g	de beurre
400 g	de blancs d'œufs
60 g	de sucre semoule

Procédé
À la feuille en 2e vitesse, Monter le tant-pour-tant amande, le sucre glace, la farine tamisée et la moitié des œufs, puis incorporer progressivement le reste des œufs.

275 g	egg whites
100 g	granulated sugar
2 g	cream of tartar
120 g	flour
70 g	chopped almonds

Method
Whisk the tant-pour-tant, eggs and egg yolks at medium speed. Sift the flour. Whisk the egg whites with half the sugar, the cream of tartar, whisk until stiff with the rest of the sugar, then fold delicately into the mixture. Add the sifted flour delicately. Fill a stencil 16 cm in diameter and 1 cm high. Sprinkle with chopped almonds. Cook at 170°C for 15 min., vents closed. Once out of the oven, leave to cool on a rack. Wrap and freeze.

Walnut sponge

Ingredients

270 g	almond tant-pour-tant
270 g	walnut tant-pour-tant
220 g	whole eggs
80 g	egg yolks
400 g	egg whites
170 g	granulated sugar
4 g	cream of tartar
100 g	flour

Method
Using a whisk at medium speed, whisk the almond and walnut tant-pour-tant, the egg yolks and the eggs. Sift the flour.
Whisk the egg whites with half the sugar and the cream of tartar, whisk further with the rest of the sugar until stiff then fold delicately into the mixture. Gradually add the sifted flour. Fill a stencil 16 cm in diameter and 1 cm high. Cook at 170°C for 15 min., vents closed. Once out of the oven, leave to cool on a rack. Wrap and freeze.

Almond sponge (for dessert assembling or decoration)

Ingredients

900 g	almond tant-pour-tant
120 g	flour
600 g	eggs
90 g	butter
400 g	egg whites
60 g	granulated sugar

Method
Using the flat blade of the mixer at medium speed, whisk the almond tant-pour-tant, the confectioner's sugar, the sifted flour and half the eggs, then gradually fold in the rest of the eggs.

Monter les blancs d'œufs avec la moitié du sucre et la crème de tartre, serrer le tout avec le reste du sucre puis incorporer délicatement au mélange.
Étaler 550 g de biscuit amande sur plaque de 40 cm par 60 cm.

Biscuit imprimé

Faire retomber le biscuit aux amandes en le mélangeant énergiquement à l'aide d'une spatule. Étaler 550 g de biscuit aux amandes sur une plaque à décors congelée (recette page 267 de la pâte à décor pour biscuit imprimé).

Cuisson
Faire cuire à 200°C pendant 8 à 10 min, tirage fermé.
À la sortie du four, laisser refroidir sur grille. Filmer et surgeler.

Les biscuits meringués

Dacquoise noix et noisette

Ingrédients

- 190 g de tant-pour-tant noix
- 190 g de tant-pour-tant noisette
- 225 g de blancs d'œufs
- 5 g de blancs d'œufs en poudre
- 75 g de sucre semoule

Procédé
Tamiser ensemble les tant-pour-tant noix et noisette.
Au batteur muni d'un fouet, monter les blancs avec les blancs d'œufs secs et la moitié du sucre. Ajouter le restant du sucre pour obtenir un mélange assez ferme et mousseux. Puis à la spatule, incorporer délicatement les poudres tamisées.
Verser et garnir en chablons de 1 cm de hauteur et de 17 cm de diamètre.
Saupoudrer de sucre glace, laisser dissoudre le sucre quelques minutes, puis renouveler l'opération avant d'enfourner.
Cuire à 180°C pendant 5 min, tirage fermé. Redescendre à 170°C, ouvrir le tirage, et cuire pendant 20 à 25 min. À la sortie du four, laisser refroidir sur grille. Réserver.

Dacquoise noisette

Même ingrédients que pour la dacquoise noix et noisettes ci-dessus en remplaçant les 190 g de tant-pour-tant noix par du tant-pour-tant amande et procéder de même.

Whisk the egg whites with half the sugar and the cream of tartar, further whisk with the rest of the sugar until stiff then delicately fold into the mixture.
Spread 550 g of almond sponge on a sheet 40 cm by 60 cm.

Printed sponge

Let the almond sponge drop by stirring briskly with a spatula. Spread 550 g of almond sponge onto a frozen decorating sheet (recipe page 267 for decorating paste for printed sponge).

Cooking
Cook at 200°C for 8 to 10 min., vents closed.
Once out of the oven, leave to cool on a rack. Wrap and freeze.

Meringued sponges

Walnut and hazelnut dacquoise

Ingredients

- 190 g walnut tant-pour-tant
- 190 g hazelnut tant-pour-tant
- 225 g egg whites
- 5 g powdered egg whites
- 75 g granulated sugar

Method
Sift the walnut and hazelnut tant-pour-tant together.
In a mixer fitted with a whisk, whisk the whites with the dried egg whites and half the sugar. Add the remainder of the sugar to obtain a fairly firm and foamy mixture. Then using a spatula, delicately fold in the sifted powders.
Pour into stencils 1 cm high and 17 cm in diameter and fill.
Sprinkle with confectioner's sugar, leave the sugar to dissolve for a few minutes, then repeat the operation before placing in the oven. Cook to 180°C for 5 min., vents closed.
Lower the temperature to 170°C, open the vents, and cook for 20 to 25 min. Once out of the oven leave to cool on a rack. Set aside.

Hazelnut dacquoise

Same ingredients as for the walnut and hazelnut dacquoise above, replacing the 190 g walnut tant-pour-tant with almond tant-pour-tant, then proceeding in the same way.

Dacquoise pistache

Ingrédients

165 g de pistaches entières
165 g de sucre glace
500 g de tant-pour-tant amande
500 g de blancs d'œufs
10 g de blancs d'œufs secs
150 g de sucre semoule

Procédé

Au cutter, broyer les pistaches en poudre avec le sucre glace et ajouter le tant-pour-tant amande et tamiser.
Dans la cuve du batteur, au fouet, monter les blancs d'œufs, les blancs d'œufs secs et serrer le tout avec le sucre. Ajouter le tant-pour-tant, et mélanger délicatement. Dresser dans des cercles de taille variable selon l'utilisation. Saupoudrer de sucre glace, laisser le se dissoudre quelques minutes, puis renouveler l'opération avant d'enfourner. Cuire à 180°C pendant 5 min, tirage fermé. Redescendre à 170°C, ouvrir le tirage, et cuire pendant 20 à 25 min. À la sortie du four, laisser refroidir sur grille. Réserver.

Succès amande

Ingrédients

425 g de sucre en poudre
50 g de lait
525 g de tant-pour-tant
100 g de sucre en poudre
525 g de blancs d'œuf frais
10 g de blancs d'œufs secs

Procédé

Mélanger le sucre, le tant-pour-tant et le lait. Réserver.
Monter les blancs d'œufs frais et secs avec les 10 g de sucre.
Ajouter le mélange sucre/amande et mélanger délicatement.
Dresser à la poche à douille sur papier sulfurisé selon l'utilisation et cuire 1 h 30 au four à 130°C, tirage ouvert.
Réserver après cuisson dans un endroit sec.

Les génoises

Génoise blanche

Ingrédients pour 2 génoises de 18 cm de diamètre

320 g d'œufs entiers
200 g de sucre semoule
200 g de farine
40 g de beurre

Procédé

Faire fondre le beurre à 30°C et tamiser la farine.
Faire chauffer à 50°C au bain-marie les œufs avec le sucre tout en fouettant. Monter le mélange jusqu'à complet refroidissement pour obtenir une texture lisse et homogène.

Pistachio dacquoise

Ingredients

165 g whole pistachios
165 g confectioner's sugar
500 g almond tant-pour-tant
500 g egg whites
10 g dried egg whites
150 g granulated sugar

Method

Using the cutting blade in the mixer grind the pistachios to a powder with the confectioner's sugar, add the almond tant-pour-tant and sift.
In the mixer bowl, whisk the egg whites and dried egg whites then whisk until stiff with the sugar. Add the sifted tant-pour-tant and mix delicately. Pipe into rings of varying sizes depending on end-use. Sprinkle with confectioner's sugar, leave to dissolve for a few minutes, then repeat the operation before placing in the oven. Cook at 180°C for 5 min., vents closed. Lower to 170°C, open the vents, and cook for 20 to 25 min. Once out of the oven, leave to cool on a rack. Set aside.

Almond succes

Ingredients

425 g powdered sugar
50 g milk
525 g tant-pour-tant
100 g powdered sugar
525 g fresh egg whites
10 g dried egg whites

Method

Mix the sugar, tant-pour-tant and milk. Set aside.
Whisk the fresh and dried egg whites with the 10 g of sugar.
Add the sugar/almond mixture and mix delicately. Pipe out using a frosting bag with a nozzle onto greaseproof paper, depending on end-use, and bake in a 130°C oven for 1-1/2 hours, vents open.
Once cooked, set aside in a dry place.

Genoise sponge

Plain genoise sponge

Ingredients for 2 genoise sponges 18 cm in diameter

320 g whole eggs
200 g granulated sugar
200 g flour
40 g butter

Method

Melt the butter at 30°C and sift the flour.
Heat the eggs with the sugar to 50°C in a bain-marie, whisking. Whisk the mixture until completely cooled to obtain a smooth and even texture.

Prélever 1/3 de cette préparation y incorporer le beurre, mélanger délicatement puis rajouter le reste. Incorporer la farine tamisée. Garnir aux 3/4 des moules à génoise de 18 cm de diamètre, préalablement beurrés et farinés. Faire cuire à 170°C pendant environ 20 min. À la sortie du four, laisser refroidir sur grille. Filmer et surgeler.

Les pâtes

Pâte à foncer

Ingrédients

400 g de farine
100 g de farine
375 g de beurre
30 g de sucre semoule
100 g d'eau de source
25 g de jaunes d'œufs
12 g de sel fin

Procédé

Faire dissoudre le sel dans l'eau et mélanger au fouet, puis ajouter les jaunes d'œufs.
Tempérer le beurre à 14 °C puis incorporer le sucre, malaxer l'ensemble à la feuille du batteur en 1re vitesse, et verser le liquide et les 100 g de farine préalablement tamisés. Pétrir en 1re vitesse jusqu'à la formation d'une pâte souple et homogène. Incorporer le reste de farine et pétrir environ 1 min jusqu'à la formation d'une pâte compacte et sans élasticité.
Former un pâton carré de 2 cm d'épaisseur et recouvrir d'un film plastique. Laisser reposer 2 h à 3°C. Réserver au frais.

Pâte sablée aux amandes

Ingrédients

240 g de beurre
4 g de sel fin
100 g de sucre glace
100 g de tant-pour-tant blanc
10 g de vanille en poudre
80 g d'œufs entiers
100 g de farine
300 g de farine

Procédé

Faire dissoudre le sel dans l'œuf entier et mélanger au fouet.
Tempérer le beurre à 14°C. Incorporer au beurre, le tant-pour-tant, le sucre glace avec le sucre vanillé. Malaxer l'ensemble en 1re vitesse puis verser les œufs battus avec les 100 g de farine préalablement tamisée. Pétrir de nouveau en 1re vitesse. Incorporer le reste de farine et pétrir environ 1 min jusqu'à la formation d'une pâte compacte et sans élasticité.
Former un pâton carré de 2 cm d'épaisseur et recouvrir d'un film plastique. Laisser reposer 2 h à 3°C. Réserver au frais.

Remove 1/3 of this preparation and fold in the butter, mix delicately then add the rest. Fold in the sifted flour. Fill greased and floured18-cm-diameter genoise sponge molds to 3/4-way up. Cook at 170°C for around 20 min. Once out of the oven, leave to cool on a rack. Wrap and freeze.

Doughs

Lining dough

Ingredients

400 g flour
100 g flour
375 g butter
30 g granulated sugar
100 g spring water
25 g egg yolks
12 g fine salt

Method

Dissolve the salt in the water and whisk, then add the egg yolks.
Temper the butter at 14°C then fold in the sugar, mix using the flat blade at low speed, and pour on the liquid and the 100 g of sifted flour. Knead at low speed to form a soft and even dough. Then fold in the rest of the flour and knead for around 1 min. to form a compact dough, with no elasticity.
Shape a square dough piece 2 cm thick and cover with plastic wrap. Leave to rest for 2 hours at 3°C. Keep in the refrigerator.

Almond sable dough

Ingredients

240 g butter
4 g fine salt
100 g confectioner's sugar
100 g white tant-pour-tant
10 g vanilla powder
80 g whole eggs
100 g flour
300 g flour

Method

Dissolve the salt in the whole eggs and whisk.
Temper the butter at 14°C. Fold the tant-pour-tant, confectioner's sugar and vanilla sugar into the butter.
Mix together at low speed then pour on the beaten eggs with the 100 g of sifted flour. Knead again at low speed. Fold in the rest of the flour and knead for around 1 min. to form a compact dough, with no elasticity.
Shape a square dough piece 2 cm thick and cover with plastic wrap. Leave to rest for 2 hours at 3°C. Keep in the refrigerator.

Pâte feuilletée inversée

Pour le tourage

300 g de farine de gruau
800 g de beurre

Pour la détrempe

700 g de farine de gruau
30 g de sel fin
300 g d'eau
200 g de beurre fondu
5 g de vinaigre cristal

Procédé pour le tourage

Mélanger ensemble le beurre tempéré à 14°C avec la farine afin d'obtenir une pâte compacte. Poser cette pâte sur un film puis l'étaler en lui donnant une forme rectangulaire.
Filmer, puis réserver à 4°C pendant une heure.

Procédé pour la détrempe

Dissoudre le sel dans l'eau et mélanger au fouet.
À la feuille du batteur, pétrir 1 min 30 la farine, l'eau, le vinaigre avec le beurre fondu froid jusqu'à ce que la pâte devienne lisse. Étaler au rouleau à pâtisserie en lui donnant une forme rectangulaire au même dimension que le premier pâton beurre/farine. Filmer au contact puis laisser reposer 1 h à 4°C.

Procédé pour le beurrage

Au laminoir à 6, abaisser le pâton de beurre en gardant sa forme rectangulaire puis réserver.
Au laminoir à 6, abaisser le pâton de détrempe en gardant sa forme rectangulaire puis le déposer sur l'abaisse de beurre.
Procédé pour le tourage : 1 tour simple
Étaler progressivement au laminoir à 6. Plier en trois pour former un tour simple. Filmer et réserver au frais à 4°C pendant 1 h.
Procédé pour le tourage : 1 tour double
Donner un quart de tour au pâton (la pliure doit se trouver à droite). Étaler progressivement au laminoir à 6.
Plier en quatre la pâte pour former un tour double.
Filmer et réserver au frais à 4°C pendant 1 h.
Procédé pour le tourage : 1 tour simple
Donner un quart de tour au pâton (la pliure doit se trouver à droite). Étaler progressivement au laminoir à 6 .
Plier en trois pour former un tour simple.
Filmer et réserver au frais à 4°C pendant 1 h.
Procédé pour le tourage : 1 tour double
Donner un quart de tour au pâton (la pliure doit se trouver à droite). Étaler progressivement au laminoir, réglé à 6 de nouveau.
Plier la pâte en quatre pour former un tour double.
Filmer et réserver au frais à 4°C pendant 1 h.

Utilisation

Couper des pâtons suivant la recette à réaliser puis les

Upside-down puff pastry

For the folding

300 g wheat flour
800 g butter

For the dough

700 g wheat flour
30 g fine salt
300 g water
200 g melted butter
5 g crystal vinegar

Method for folding

Mix the butter tempered at 14°C and the flour to obtain a compact dough. Place this dough on plastic wrap then spread out to create a rectangular shape. Wrap, then keep at 4°C for one hour.

Method for the dough

Dissolve the salt in the water and whisk.
Using the flat blade of the mixer, knead the flour, water and vinegar with the cold melted butter for 1-1/2 minutes until the dough becomes smooth. Roll out with a pastry roller to a rectangular shape the same size as the first butter/flour dough piece. Wrap ensuring contact then leave to rest for one hour at 4°C.

Method for buttering

With the dough sheeter set at 6, roll out the butter piece keeping its rectangular shape then set aside. With the dough sheeter set at 6, roll out the dough piece keeping its rectangular shape then arrange on top of the butter layer.
Method for folding: 1 single fold
Spread out gradually with the dough sheeter set at 6.
Fold in three to form a simple fold.
Wrap and keep in the refrigerator at 4°C for 1 hour.
Method for folding: 1 double fold
Turn the dough piece 1/4 turn (the fold should be on the right). Spread out gradually using a dough sheeter set at 6.
Fold the dough in four to form a double fold.
Wrap and keep in the refrigerator at 4°C for 1 hour.
Method for folding: 1 single fold
Turn the dough piece 1/4 turn (the fold should be on the right). Spread out gradually using a dough sheeter set at 6.
Fold the dough in three to form a single fold.
Wrap and keep in the refrigerator at 4°C for 1 hour.
Method for folding: 1 double fold
Turn the dough piece 1/4 turn (the fold should be on the right). Spread out gradually using a dough sheeter set at 6.
Fold the dough in four to form a double fold.
Wrap and keep in the refrigerator at 4°C for 1 hour.

Use

Cut up dough pieces according to the recipe being followed

abaisser progressivement aux dimensions et épaisseur souhaitées. Réserver au frais à 4°C.

Pâte à choux

Ingrédients

- 220 g de lait
- 220 g d'eau
- 4 g de sel
- 8 g de sucre semoule
- 180 g de beurre
- 220 g de farine
- 400 g d'œufs

Procédé

Faire bouillir le lait, l'eau, le sel, le sucre et le beurre.
Tamiser la farine et la verser dans le liquide bouillant en remuant à la spatule. Dessécher en remuant hors du feu pour obtenir une panade. Transvaser la panade dans un récipient, puis incorporer progressivement au fouet les œufs préalablement battus. En fonction de la consistance de la pâte, ajouter un peu de lait bouillant.

Pâte à décor pour biscuit imprimé

Ingrédients

- 200 g de beurre
- 200 g de sucre glace
- 200 g de blancs d'œufs
- 200 g de farine
- QS de colorants divers ou cacao poudre ou épices

Procédé

Tempérer le beurre et les blancs d'œufs à 20°C.
Au cutter, mélanger le beurre avec le sucre glace. Ajouter la moitié des blancs d'œufs crus avec la moitié de la farine puis mélanger. En fonction de la recette, teinter cette pâte de quelques gouttes de colorant ou bien ajouter du cacao tamisé ou des épices. À la palette ou au pinceau, étaler une fine couche de pâte à décors teintée ou non sur une toile Exopat®.
Surgeler.

Les crèmes

Crème pâtissière vanille

Ingrédients

- 1 l de lait
- 125 g de sucre semoule
- 240 g de jaunes d'œufs
- 125 g de sucre semoule
- 90 g de poudre à crème
- 2 gousses de vanille

then roll out gradually to the desired sizes and thickness. Keep in the refrigerator at 4°C.

Pate a choux dough

Ingredients

- 220 g milk
- 220 g water
- 4 g salt
- 8 g granulated sugar
- 180 g butter
- 220 g flour
- 400 g eggs

Method

Boil the milk, water, salt, sugar and butter.
Sift the flour and pour onto the boiling liquid stirring with a whisk. Dry out, stirring with a whisk, to obtain a panade. Decant the panade into a container, then gradually fold in the beaten eggs using a whisk. Add a little boiling milk if needed, depending on the consistency of the dough.

Decorating paste for printed sponge

Ingredients

- 200 g butter
- 200 g confectioner's sugar
- 200 g egg whites
- 200 g flour
- SQ various colorings or cocoa powder or spices

Method

Temper the butter and egg whites at 20°C.
Using the cutting blade of the mixer, mix the butter with the confectioner's sugar. Add half the unwhisked egg whites with half the flour then mix. According to the recipe, color this dough with a few drops of coloring or add sifted cocoa or spices. Using a palette knife or a brush, spread a thin layer of colored decorating paste–colored or uncolored–onto an Exopat® mat.
Freeze.

Creams

Vanilla pastry cream

Ingredients

- 1 l milk
- 125 g granulated sugar
- 240 g egg yolks
- 125 g granulated sugar
- 90 g cream powder
- 2 vanilla pods

Procédé
Faire bouillir le lait, 125 g de sucre avec les gousses de vanille fendues.
Au fouet, mélanger sans faire mousser les jaunes d'œufs avec le sucre restant. Incorporer la poudre à crème. Verser le lait chaud sur le mélange jaune/sucre/poudre et mélanger au fouet. Chinoiser et faire cuire, à feu vif, 1 min après ébullition jusqu'à obtention d'une crème lisse et onctueuse. Verser la crème pâtissière dans un candissoire puis recouvrir d'un film au contact. Faire refroidir rapidement la température à 4°C.

Crème d'amande

Ingrédients
- 600 g de tant-pour-tant amande
- 210 g de beurre
- 3 g de poudre à crème
- 180 g d'œufs entiers
- 5 g de rhum brun

Procédé
Tempérer le beurre à 16°C, puis ajouter le tant-pour-tant et la poudre à crème, et mélanger à la feuille de batteur.
Ajouter progressivement les œufs et le rhum et mélanger.
Filmer et réserver au frais.

Crème frangipane

Ingrédients pour 1,5 kg
- 1 kg de crème d'amande (voir recette ci-dessus)
- 500 g de crème pâtissière (voir recette page 267)

Procédé
Séparément, rendre lisse la crème d'amande et la crème pâtissière à l'aide d'une spatule. Mélanger les deux préparations. Filmer et réserver au frais.

Crème d'amande citron

Ingrédients
- 500 g de crème d'amande (voir recette ci-dessus)
- 180 g de crème citron (voir recette page 269)

Procédé
Rendre lisse la crème d'amande à l'aide d'une spatule, puis ajouter la crème citron. Filmer et réserver au frais.

Crème au beurre vanille

Ingrédients
- 300 g de lait
- 125 g de sucre semoule
- 1 gousse de vanille
- 250 g de jaunes d'œufs

Method
Boil the milk and 125 g sugar with the split vanilla pods.
Whisk the yolks with the remaining sugar without foaming. Fold in the cream powder. Pour the hot milk onto the yolk/sugar/powder mixture and whisk. Strain and cook over a high heat for 1 min. after boiling until you obtain a smooth cream. Pour the pastry cream into a candying tray then cover with wrap ensuring contact. Cool the temperature quickly to 4°C.

Almond cream

Ingredients
- 600 g almond tant-pour-tant
- 210 g butter
- 3 g cream powder
- 180 g whole eggs
- 5 g dark rum

Method
Temper the butter at 16°C, then add the tant-pour-tant and the cream powder and mix with the flat blade.
Gradually add the eggs and the rum and mix. Wrap and keep in the refrigerator.

Frangipane cream

Ingredients for 1.5 kg
- 1 kg almond cream (see recipe above)
- 500 g pastry cream (see recipe page 267)

Method
Separately, smooth the almond cream with the pastry cream using a spatula. Mix the preparations. Wrap and keep in the refrigerator.

Lemon almond cream

Ingredients
- 500 g almond cream (see recipe above)
- 180 g lemon cream (see recipe page 269)

Method
Smooth the almond cream with a spatula, then add the lemon cream. Wrap and keep in the refrigerator.

Vanilla butter cream

Ingredients
- 300 g milk
- 125 g granulated sugar
- 1 vanilla pod
- 250 g egg yolks
- 125 g granulated sugar

125 g de sucre semoule
1 kg de beurre
250 g de meringue italienne (recette page 269)

Procédé
Faire chauffer à 50°C le lait avec une partie du sucre et la gousse de vanille fendue. Mélanger au fouet les jaunes d'œufs avec le restant de sucre et y verser le lait chaud. Pocher au fouet jusqu'à 90°C. Chinoiser dans la cuve d'un batteur puis, avec le fouet, faire refroidir jusqu'à 30°C.
Tempérer le beurre à 20°C, puis l'incorporer progressivement au mélange pour obtenir une émulsion. Ajouter délicatement la meringue italienne. Filmer et réserver au frais à 4°C.

Crème au beurre chocolat

Ingrédients
300 g de lait
125 g de sucre semoule
240 g de jaunes d'œufs
125 g de sucre semoule
150 g de pâte de cacao Grand Caraque
1 kg de beurre
250 g de meringue italienne (recette page 270)

Procédé
Faire chauffer à 50°C le lait avec une partie du sucre. Au fouet, mélanger les jaunes d'œufs avec le restant de sucre et y verser le lait chaud. Pocher au fouet jusqu'à 90°C. Chinoiser sur le chocolat, préalablement haché dans la cuve d'un batteur, puis faire refroidirau fouet jusqu'à 30°C. Tempérer le beurre à 20°C, puis l'incorporer progressivement au mélange chocolaté pour obtenir une émulsion. Ajouter délicatement la meringue italienne. Filmer et réserver au frais à 4°C.

Crème au beurre café

Ingrédients
300 g de lait
125 g de sucre semoule
1 gousse de vanille
250 g de jaunes d'œufs
125 g de sucre semoule
70 g de café en grains
10 g de café soluble
1 kg de beurre
250 g de meringue italienne (recette page 270)

Procédé
Faire chauffer à 50°C le lait avec une partie du sucre et la gousse de vanille fendue. Ajouter les grains de café, préalablement torréfiés et concassés, et le café soluble. Filmer et laisser infuser pendant 10 min.
Au fouet, mélanger les jaunes d'œufs avec le restant de sucre et y verser le lait parfumé chaud. Pocher au fouet jusqu'à 90°C. Chinoiser dans la cuve d'un batteur puis faire refroidir ,

1 kg butter
250 g Italian meringue (recipe page 269)

Method
Heat the milk with a part of the sugar and the split vanilla pod to 50°C. Whisk the egg yolks with the rest of the sugar and pour on the hot milk. Poach with a whisk to 90°C. Strain into a mixer bowl then, using a whisk, cool to 30°C.
Temper the butter at 20°C, then gradually fold into the mixture to obtain an emulsion. Delicately add the Italian meringue. Wrap and keep in the refrigerator at 4°C.

Chocolate butter cream

Ingredients
300 g milk
125 g granulated sugar
240 g egg yolks
125 g granulated sugar
150 g Grand Caraque cocoa paste
1 kg butter
250 g Italian meringue (recipe page 270)

Method
Heat the milk with a part of the sugar to 50°C. Whisk the egg yolks with the remaining sugar and pour the hot milk onto this. Poach with a whisk to 90°C. Strain onto the chocolate, after first chopping it in a mixer bowl, then cool with a whisk to 30°C. Temper the butter at 20°C, then gradually add it to the chocolate mixture to obtain an emulsion. Delicately fold in the Italian meringue. Wrap and refrigerate at 4°C.

Coffee butter cream

Ingredients
300 g milk
125 g granulated sugar
1 vanilla pod
250 g egg yolks
125 g granulated sugar
70 g coffee beans
10 g instant coffee
1 kg butter
250 g Italian meringue (recipe page 270)

Method
Heat the milk with a part of the sugar and the split vanilla pod to 50°C. Add the coffee beans, after roasting and grinding them, and the instant coffee. Wrap and leave to infuse for 10 min.
Whisk the egg yolks with the rest of the sugar and pour the hot flavored milk onto it. Poach with a whisk to 90°C. Strain into a mixer bowl then cool with a whisk to 30°C.

avec le fouet jusqu'à 30°C.
Tempérer le beurre à 20°C, puis l'incorporer progressivement au mélange parfumé pour obtenir une émulsion. Ajouter délicatement la meringue italienne. Filmer et réserver au frais à 4°C.

Crème citron

Ingrédients

- 125 g de beurre
- 335 g d'œufs entiers
- 225 g de jus de citron jaune
- 15 g de zeste de citron jaune
- 250 g de sucre semoule
- 2 g de gélatine en feuilles
- 10 g de poudre à crème

Procédé

Faire bouillir le jus de citron, le beurre avec la moitié du sucre. Mélanger la poudre à crème avec le reste de sucre puis ajouter les œufs, mélanger le tout au fouet. Chinoiser le liquide chaud sur le mélange puis cuire à feu doux jusqu'à obtention d'une crème citron homogène et lisse. Ramollir la gélatine dans l'eau froide, l'égoutter, la faire fondre puis l'incorporer à la crème citron. Verser dans un candissoire. Filmer et réserver au frais.

Les meringues

Meringue italienne

Ingrédients

- 150 g d'eau
- 500 g de sucre semoule
- 300 g de blancs d'œufs
- 100 g de sucre semoule

Procédé

Faire cuire à 124°C l'eau avec le sucre. Au fouet, monter les blancs d'œufs avec la moitié du sucre et les serrer avec le sucre restant. Verser le sucre cuit sur les blancs montés puis laisser refroidir jusqu'à complet refroidissement. Filmer et surgeler.

Meringue française

Ingrédients

- 500 g de sucre semoule
- 600 g de blancs d'œufs frais
- 600 g de sucre glace

Procédé

Au fouet, monter les blancs d'œufs en neige en incorporant le sucre en poudre progressivement. Une fois les blancs bien fermes, ajouter le sucre glace en mélangeant délicatement à la spatule. Dresser à la poche à douille sur papier sulfurisé selon l'utilisation et cuire au four à 130°C pendant 1 h 15, tirage ouvert. Réserver après cuisson dans un endroit sec.

Temper the butter at 20°C, then gradually fold into the perfumed mixture to obtain an emulsion. Delicately add the Italian meringue. Wrap and refrigerate at 4°C.

Lemon cream

Ingredients

- 125 g butter
- 335 g whole eggs
- 225 g lemon juice
- 15 g lemon rind
- 250 g granulated sugar
- 2 g gelatin sheets
- 10 g cream powder

Method

Boil the lemon juice and butter with half the sugar.
Mix the cream powder with the rest of the sugar then add the eggs and whisk together. Strain the hot liquid onto the mixture then cook over a low heat until you obtain a smooth, even lemon cream. Soften the gelatin in cold water, drain, melt then fold into the lemon cream. Pour into a candying tray. Wrap and keep in the refrigerator.

Meringues

Italian meringue

Ingredients

- 150 g water
- 500 g granulated sugar
- 300 g egg whites
- 100 g granulated sugar

Method

Cook the water with the sugar at 124°C.
Whisk the egg whites with half the sugar and whisk until stiff with the remaining sugar. Pour the cooked sugar onto the whisked whites then leave to cool until completely cold. Wrap and freeze.

French meringue

Ingredients

- 500 g granulated sugar
- 600 g fresh egg whites
- 600 g confectioner's sugar

Method

Whisk the egg whites, gradually folding in the powdered sugar. Once the whites are stiff, delicately fold in the confectioner's sugar with a spatula. Pipe out onto greaseproof paper using a frosting bag with a nozzle, depending on the end-use, and bake in a 130°C oven for 1 hour 15 min., vents open. Once cooked keep in a dry place.

Les divers

Appareil chocolat noir

Ingrédients

250 g de chocolat de couverture noir Ultime 70 %
250 g de beurre de cacao

Procédé

Faire fondre séparément le chocolat et le beurre de cacao à 40°C. Mélanger les deux ingrédients. Réserver à l'étuve réglée à 40°C. Filtrer au moment de l'utilisation.
Vous pouvez ajouter des beurres de cacao colorés.

Appareil chocolat lait

Ingrédients

250 g de chocolat de couverture lait Élysée 36 %
250 g de beurre de cacao

Procédé

Faire fondre séparément les 2 ingrédients et procéder comme pour l'appareil noir (ci-dessus).

Appareil chocolat blanc

Ingrédients

250 g de chocolat de couverture ivoire Blanc Satin
250 g de beurre de cacao

Procédé

Faire fondre séparément les 2 ingrédients et procéder comme pour l'appareil noir (ci-dessus).

Sirop de base

Ingrédients

1 l d'eau
1,35 kg de sucre semoule

Procédé

Faire dissoudre l'eau avec le sucre et mélanger au fouet puis le porter à ébullition. Filmer et réserver à 4°C.

Glaçage neutre

Ingrédients

1 kg d'eau
40 g de pectine NH
250 g de sucre semoule
800 g de sucre semoule
65 g de glucose sirop

Miscellaneous

Dark chocolate mix

Ingredients

250 g 70% Ultime dark chocolate couverture
250 g cocoa butter

Method

Melt the chocolate and the cocoa butter separately at 40°C. Mix the two ingredients. Keep in a drying oven set at 40°C. Filter before using.
You can add colored cocoa butters.

Milk chocolate mix

Ingredients

250 g 36% Elysée milk chocolate couverture
250 g cocoa butter

Method

Melt the 2 ingredients separately and proceed as with the dark chocolate mix (above).

White chocolate mix

Ingredients

250 g Blanc Satin ivory chocolate couverture
250 g cocoa butter

Method

Melt the 2 ingredients separately and proceed as with the dark chocolate mix (above).

Basic syrup

Ingredients

1 l water
1.35 kg granulated sugar

Method

Dissolve the water with the sugar and whisk, then bring to the boil. Wrap and keep at 4°C.

Neutral frosting

Ingredients

1 kg water
40 g pectin NH
250 g granulated sugar
800 g granulated sugar
65 g glucose syrup

Procédé
Faire chauffer l'eau à 50°C. Mélanger les 250 g de sucre avec la pectine NH puis l'incorporer progressivement au fouet dans l'eau tiédie. Incorporer ensuite le sucre restant et le sirop de glucose puis porter le tout à ébullition. Chinoiser, filmer au contact et laisser refroidir à 3°C. Réserver au frais.

Method
Heat the water to 50°C. Mix the 250 g of sugar with the pectin NH then gradually fold into the warm water with a whisk. Add the remaining sugar and glucose syrup and bring to the boil. Strain, wrap ensuring contact with the product and leave to cool to 3°C. Keep in the refrigerator.

Glaçage chocolat

Ingrédients
- 150 g de couverture chocolat noir Favorites mi-amère 58 %
- 750 g de pâte à glacer brune
- 300 g de sirop de base
- 375 g de crème liquide 35 % mg
- 75 g de glucose sirop

Procédé
Faire bouillir la crème, le sirop et le glucose. Redescendre en température à 85°C. Verser la moitié du liquide sur le chocolat et la pâte à glacer préalablement hachés. Laisser fondre les chocolats quelques secondes puis mélanger délicatement au fouet. Verser le reste du liquide puis mélanger de nouveau sans créer de bulles d'air. Filmer, réserver et l'utiliser à 35°C.

Chocolate frosting

Ingredients
- 150 g 58% semi-bitter Favorites dark chocolate couverture
- 750 g dark brown icing paste
- 300 g basic syrup
- 375 g 35% fat liquid cream
- 75 g glucose syrup

Method
Boil the cream, syrup and glucose. Lower the temperature to 85°C. Pour half the liquid onto the pre-chopped chocolate and icing paste. Let the chocolates melt for a few seconds then whisk delicately. Pour on the rest of the liquid then mix again without creating air bubbles. Wrap, set aside and use at 35°C.

Glaçage opéra

Ingrédients
- 400 g de pâte à glacer brune
- 110 g de chocolat de couverture noir Ultime 70 %
- 90 g d'huile de maïs

Procédé
Faire fondre la pâte à glacer avec le chocolat. Ajouter l'huile et mélanger. Chinoiser. Filmer, réserver et utiliser à 36°C.

Opera frosting

Ingredients
- 400 g dark brown icing paste
- 110 g 70% Ultime dark chocolate couverture
- 90 g corn oil

Method
Melt the icing paste with the chocolate. Add the oil and mix. Strain. Wrap, set aside and use at 36°C.

Dorure

Ingrédients
- 40 g de jaunes d'œufs
- 100 g d'œufs entiers
- 8 g de sel fin

Procédé
Mélanger les jaunes, les œufs et le sel. Fouetter pour dissoudre le sel. Chinoiser et filmer.

Glaze

Ingredients
- 40 g egg yolks
- 100 g whole eggs
- 8 g fine salt

Method
Mix the yolks, the eggs and the salt. Whisk to dissolve the salt. Strain and wrap. Keep at 4°C.

Chips de fruits

Ingrédients
- 500 g de pomme ou d'oranges, d'ananas, ou d'autre fruits selon votre choix
- II de sirop de base (recette page 271)
- QS d'acide ascorbique E 300 (à employer pour les fruits qui s'oxyde rapidement après leur coupe)

Fruit chips

Ingredients
- 500 g apple or oranges, pineapple, or other fruits as desired
- II basic syrup (recipe page 271)
- SQ ascorbic acid E 300 (to be used with fruits that oxidize quickly after being cut)

Procédé

Faire chauffer à 85°C le sirop de base avec une pointe de couteau d'acide ascorbique.
A l'aide d'une trancheuse réglée à 1,5 cm tailler de fines tranches de fruits. Les disposer dans un candissoire, puis verser le sirop tiédi et laisser 2 min. Égoutter délicatement les tranches de fruit et les disposer sur une toile Exopat® puis recouvrir d'une feuille de papier cuisson et reposer la grille. Enfourner à 85°C pendant 1 h. Retirer la grille, la feuille, décoller délicatement et retourner les tranches puis remette à sécher au four avec la feuille et la grille (la grille posée permet d'obtenir une tranche bien plane). Après la cuisson réserver les tranches de fruit à l'abri de la lumière dans une boîte hermétique munie de sachets déshydratants.

Plaquettes de chocolat, vrilles et autres décors

Chocolat de couverture tempérée noir, lait, blanc.
Feuille « guitare ». Colorant scintillant

Procédé pour réaliser des plaquettes

Étaler une fine épaisseur de chocolat de couverture sur une feuille « guitare » préalablement saupoudrée de poudre scintillante. Avant que la couverture ne soit trop prise, détailler au rouleau extensible des rectangles ou des carrés, selon la dimension de votre entremets, et poser une feuille de papier cuisson et une plaque pour éviter que les plaquettes ne se déforment. Laisser cristalliser, puis décoller les plaquettes de chocolat. Réserver 17°C.

Procédé pour réaliser des vrilles

Étaler une fine épaisseur de chocolat de couverture sur une bande de rodhoïd de 4,5 cm de largeur et de 20 cm de long.
Passer un peigne à décors sur la surface du chocolat pour réaliser des bandes fines et régulières en chocolat. Laisser durcir légèrement, puis rouler en forme de vrille et la déposer dans une gouttière à bûche. Laisser cristalliser pendant 1 à 2 h à 17°C. Au moment de l'utilisation vous n'avez plus qu'à retirer délicatement le rodhoïd pour apercevoir des vrilles en chocolat.

Method

Heat the basic syrup to 85°C with a knife tip of ascorbic acid.
Using a slicer set at1.5 cm, cut thin slices of fruit. Arrange them in a candying tray, then pour on the warmed syrup and leave for 2 min. Delicately drain the fruit slices and arrange on an Exopat® mat, then cover with a sheet of cooking paper and put the rack back on top. Place in a 85°C oven for 1 hour. Remove the rack, the sheet, unstick carefully and turn the slices over, then put back to dry in the oven with the sheet and the rack (putting the rack on top helps to create a nice flat slice). Once cooked, keep the fruit slices away from the light in an airtight box with dehumidifying bags inside.

Chocolate shapes, spirals and other decorations

Dark, milk, white tempered couverture.
"Guitar" sheet. Shimmering coloring.

Method for making shapes

Spread a thin layer of chocolate couverture onto a "guitar" sheet that has been sprinkled with shimmering powder. Before the couverture has set too much, cut out rectangles or squares with an extensible roller, depending on the size of your dessert, and place a sheet of cooking paper and a baking sheet on top to prevent the shapes from becoming deformed. Leave to crystallize, then unstick the chocolate shapes.
Keep at 17°C.

Method for making the spirals

Spread a thin layer of chocolate couverture onto a strip of rhodoid 4.5 cm wide and 20 cm long.
Sweep a decorating comb across the surface of the chocolate to create thin, even chocolate bands. Leave to harden slightly, then roll into a spiral shape and place in a log mold. Leave to crystallize for 1 to 2 hours at 17°C. When the time comes to use it, all you have to do is delicately remove the rhodoid to see the chocolate spirals.

Lexique
Glossary

Abaisse. Pâte étalée, plus ou moins fine selon l'emploi, sur une surface plane et farinée, à l'aide d'un rouleau à pâtisserie ou d'un laminoir.

Appareil. Préparation composée d'un ou plusieurs éléments de différentes natures mélangés ensemble.

Air. Mélange de gaz contenant 78 % d'azote, 21 % d'oxygène, 1 % d'argon environ et des traces de néons, de krypton et d'hélium.

Acide ascorbique E 300. Dans l'agroalimentaire on l'utilise comme antioxydant. C'est un réducteur qui réagit avec le dioxygène de l'air en empêchant celui-ci d'oxyder d'autres molécules organiques.
En l'absence d'acide ascorbique, l'oxydation provoque un changement de couleur (pommes, bananes, champignons) ou un rancissement (mauvais goût).

Bain-marie. Placer un récipient dans un autre plus grand contenant de l'eau chaude ou froide.

Blanchir. Travailler au fouet des œufs et du sucre jusqu'à ce que le mélange devienne blanc et mousseux.

Chablonner. Déposer une couche de chocolat fondu à l'aide d'un pinceau ou d'un pistolet à chocolat. Ceci aura pour but d'éviter que l'humidité ramollisse les fonds de tarte ou de solidifier un biscuit.

Chemiser. Mettre une couche de farine ou de papier dans un moule.

Chinoiser. Filtrer un liquide en le passant à travers un chinois.

Cire d'abeille. Additif alimentaire produit par les abeilles.
C'est un agent détachant pour les moules en pâtisserie.

Coller. Ajouter de la gélatine préalablement ramollie, fondue dans un liquide ou un appareil, afin de lui donner une consistance plus ou moins ferme.

Corner. Ramasser à l'aide d'un ustensile en plastique appelé « Corne » une pâte, un appareil, une crème afin d'éviter qu'ils se dessèchent contre la paroi du récipient inox.

Couverture. Chocolat qui contient plus ou moins 31 % de beurre de cacao.

Dessécher. Travailler une pâte (pâte à choux, nougat) sur une source de chaleur jusqu'à évaporation partielle de l'eau.

Dorer. Cela consiste à déposer, à l'aide d'un pinceau, une fine couche de dorure afin de lui donner une couleur dorée après la cuisson.

Dorure. Mélange d'œufs entiers, de jaunes et de sel fin.

Ébullition. Mouvement d'un liquide qui boue.
À partir de 100°C, au début de toutes petites bulles apparaissent puis elles deviennent de plus en plus grosses.
Elles se forment à la base du récipient puis elles remontent progressivement à la surface.

Abaisse. Dough of varying thicknesses, depending on use, rolled out using a pastry roller or dough sheeter onto a flat, floured surface.

Appareil (Mix). Preparation consisting in one or several elements of different types mixed together.

Air. Mixture of gases containing 78% nitrogen, 21% oxygen, around 1% argon and traces of neon, krypton and helium.

Ascorbic acid E 300. In the food industry, this is used as an antioxidant. It is a reducing agent that reacts with the dioxygen in the air, preventing it from oxidizing other organic molecules.
In the absence of ascorbic acid, the oxidation brings about a change in color (apples, bananas, mushrooms) or causes the food to go rancid (bad taste).

Bain-marie. To place one container in a bigger one containing hot or cold water.

Blanchir. Whisk eggs and sugar until the mixture becomes white and foamy.

Chablonner (Stencil). To apply a layer of melted chocolate using a brush or chocolate spray gun. The aim being to prevent humidity from softening tart bases or solidifying a sponge.

Chemiser (Line). Put a layer of flour or paper in a mold.

Chinoiser (Strain). Filter a liquid by pouring it through a chinois.

Cire d'abeille (Beeswax). Food additive produced by bees.
It is a stain-removing agent for baking molds.

Coller (Thicken). Add pre-softened, melted gelatin to a liquid or mixture, to give it a more or less firm consistency.

Corner. Use a plastic utensil known as a "scraper" to collect up a paste, mix or cream and thereby prevent it from drying out on the sides of a stainless steel container.

Couverture. Chocolate containing around 31% cocoa butter.

Dessécher (Dry out). Work a dough (pate a choux, nougat) on a heat source until partial evaporation of the water.

Dorer (Glaze). To brush on a thin layer of glaze to produce a golden color after cooking.

Dorure (Glaze). Mixture of whole eggs, yolks and fine salt.

Ébullition (Boiling). Movement of a boiling liquid. From 100°C, tiny bubbles start appearing which become bigger and bigger. They form at the base of the container then gradually rise to the surface.

Écumer (Skim). Remove the foam that forms on the surface of a preparation using a skimmer.

Émincer. Cut foods into slices of varying thicknesses.

Écumer. Retirer l'écume qui se forme à la surface d'une préparation à l'aide d'une écumoire.

Émincer. Tailler des aliments en tranches plus ou moins épaisses.

Émulsionner. Action de mélanger deux liquides ou substances qui en principe ne se mélangent pas (exemple : jaunes d'œufs avec le beurre fondu).

Enfourner. Action de mettre dans le four un élément culinaire prêt à cuire.

Étuve. Enceinte chauffante fonctionnant, dans la majorité des cas, dans l'air et permettant d'effectuer des traitements thermiques à température régulée.

Filmer au contact. Poser une feuille d'un film plastique alimentaire directement sur une crème, une préparation, afin d'éviter qu'il ne se forme une pellicule d'humidité en surface du produit.

Frémir. C'est bouillir très lentement, léger mouvement, tremblement du liquide chauffé qui précède l'ébullition.

Julienne. Fins filaments de carottes, pommes, taillés en 4 à 5 cm de longueur et 1 mm d'épaisseur.

Laminoir. Machine pour laminer un produit par passage entre deux cylindres d'axes parallèles et tournant en sens inverse.

Laminer. Faire subir à un produit (pâte) une déformation permanente par au passage dans un laminoir.

« Macaronner ». Mélanger à la corne (*cf.* macaron vanille page 202) avec un mouvemnt de va-et-vient, en soulevant la masse jusqu'à obtention d'une consistance lisse et brillant.

Panade. Pour réaliser une pâte à choux, lorsque l'on fait bouillir l'eau, le lait avec le beurre, le sucre et le sel et ensuite on incorpore au fouet la farine tamisée, cette pâte obtenue se nomme panade.

Pâton. Morceau de pâte (détrempe, à pain, sablé) qui est en attente d'utilisation pour être touré, abaissé, étalé ou façonné.

Pectine, gélifiant. Les gélifiants et les épaississants sont des substances successibles de former, dans des liquides, des solutions visqueuses, des suspensions et des gels souples, de forme stable.

Pétrir. Malaxer l'eau, le sel, la levure ou le levain afin de confectionner une pâte et de travailler cette pâte pour l'aérer et la rendre élastique.

Pocher. Cuisson douce d'un aliment par immersion qui démarre à chaud ou à froid, le liquide doit à peine frémir.

QS. Quantité suffisante

Saupoudrer. Parsemer un ingrédient en poudre (la farine, du sucre glace, du cacao poudre...) sur une préparation.

Sorbitol. Alcool à six atomes de carbone que l'on trouve dans certains fruits. Agent sucrant, substitut du glycérol, empêche le dépôt de cristaux pendant le stockage.

Température. Grandeur physique liée à la notion immédiate de chaud et froid. Deux corps en contact ont tendance à égaliser leurs températures par échange de chaleur (équilibre thermique). Les thermomètres fournissent une mesure de la température.

Zester. Prélever l'écorce odorante des agrumes.

Liste non exhaustive

Émulsionner (Emulsify). Action of mixing two liquids or substances which usually do not mix (for example: egg yolks with melted butter).

Enfourner. Action of placing a ready-to-cook culinary element in the oven.

Étuve (Drying oven). Heating enclosure usually operating in the air and enabling preparations to be thermally processed at a regulated temperature.

Filmer au contact. Place a sheet of plastic food wrap directly onto a cream or other preparation, to prevent it from forming a film of humidity on the surface of the product.

Frémir (Simmer). To boil very slowly and gently, the trembling motion of a heated liquid prior to boiling.

Julienne. Thin threads of carrots or apples, cut to 4 to 5 cm in length and 1 mm thick.

Laminoir (Dough sheeter). Machine that rolls a product by passing it between two cylinders with parallel axes and turning in opposite directions.

Laminer (Roll). To subject a product (dough) to permanent deformation by passing it through a dough sheeter.

"Macaronner". Mix using a scraper (*cf.* vanilla macaroon) with a to-and-fro movement, lifting the mass until you obtain a smooth, shiny consistency.

Panade. When making a pate a choux, when you boil the water and milk with the butter, sugar and salt and then whisk in the sifted flour, the paste obtained is called a panade.

Pâton. Piece of dough (puff pastry, bread, sable) prior to use in folding, rolling out, spreading or shaping.

Pectine, gélifiant (Pectin, gelling agent). Gelling agents and thickeners are substances capable of forming viscous solutions, suspensions and soft gels in a stable form in liquid solutions.

Pétrir (Knead). Mix water, salt, baking powder or yeast to form a dough and work this dough so as to introduce air and make it elastic.

Pocher (Poach). Gentle cooking of a food through immersion which starts off hot or cold, the liquid should barely be simmering.

Saupoudrer. Sprinkle a powder ingredient (flour, confectioner's sugar, cocoa powder...) onto a preparation.

Sorbitol. Alcohol with six carbon atoms found in certain fruits. Sweetening agent, a substitute for glycerol, prevents a deposit of crystals forming during storage.

SQ. Sufficient quantity

Temperature. Physical measurement linked to the immediate notion of hot and cold. Two bodies in contact tend to equalize their temperatures through heat exchange (thermal balance). Thermometers provide a measurement of temperature.

Zester. To remove the fragrant rind of citrus fruit.

This list is not exhaustive

Le matériel et produits
Tools and products

Cadres superposables complet plaque + 3 cadres
Hauteur : 10 mm (coins jaunes)
Hauteur : 15 mm (coins rouges)
Hauteur : 20 mm (coins noirs)

Cercle à tarte inox
Cercle inox, hauteur 20 mm, diamètre 180.

Cercle à mousse inox
Cercle à mousse, hauteur 45 mm, diamètre 180

Ruban pâtissier polypropylène (rodhoïd)
Ruban la bobine

Découpoir « vol-au-vent » en aluminium
Série de calibre numéroté

Feuille de cuisson « spécial cuisson des macarons »
Rame

Guitare 3 bras inox
Base, bras de coupe et corde

Boîte de découpoirs ronds unis Exoglass
Boîte de 9 découpoirs

Caraméliseur « 800 W Matfer»
Plaque fonte de diamètre 115 mm.

Colorants liquides alimentaires en flacon « Matfer »
Flacons de couleurs variées de 125 ml avec compte-gouttes.

Colorants scintillants « PCB Création »
Collection variée en pot de 30 cc

Colorants de cacao coloré
Pot de 200 g, couleurs variées

Moules « PCB Création » pour entremets
Forme Émeraude
Forme carré tendance 16 cm

Perles argentées « PCB Création »

Pour votre information
Ce matériel est disponible à la boutique de l'École Lenôtre où vous avez la possibilité de passer votre commande auprès de notre responsable boutique Mme Fatima Najem (T : 01 30 81 46 42).

Stackable frames complete sheet + 3 frames
Height: 10 mm (yellow corners)
Height: 15 mm (red corners)
Height: 20 mm (black corners)

Stainless steel tart ring
Stainless steel, height 20 mm, diameter 180.

Stainless steel mousse ring
Mousse ring, height 45 mm, diameter 180

Polypropylene (rhodoid) pastry ribbon
Spool

Aluminum "vol-au-vent" cutter
Numbered diameter serie

"Special macaroon" cooking sheeet
Ream

Stainless steel 3-arm guitar cutter
Base, cutting arm and cord

Exoglass box of plain round cutters
Box of 9 cutters

"800 W Matfer" caramelizer
Cast iron sheet 115 mm in diameter.

Matfer liquid food coloring in a bottle
Varied 125 ml bottles with drop counter.

PCB Création shimmering coloring
Various, in 30-cc jar

Colored cocoa coloring
200-g jar, various colors

PCB Création dessert mold
Emerald shape
"Tendance" square shape 16 cm

PCB Creations silvered pearls

Please note
This equipment is available at the École Lenôtre boutique where you can order from our store manager Ms. Fatima Najem (tel: 01 30 81 46 42)

Des mêmes auteurs
By the same authors

Les Décor fins, Éditions Jérôme Villette, 1995.
Ruban bleu de la Formation professionelle, Intersuc 1998.

Les Recettes glacées, Éditions Jérôme Villette, 1996.
Grand Prix de littérature culinaire 1996 (ouvrages professionnels) de l'Académie nationale de cuisine.

Les Pains et Viennoiseries, Éditions Jérôme Villette, 1996.
Grand Prix de littérature culinaire 1996 (ouvrages professionnels) de l'Académie nationale de cuisine.

Les Buffets salés, Éditions Jérôme Villette, 1997.
Grand Prix de littérature culinaire 1997 (ouvrags professionnels) de l'Académie nationale de cuisine.

Les Buffets sucrés, Éditions Jérôme Villette, 1997.
Grand Prix de littérature culinaire 1997 (ouvrages professionnels) de l'Académie nationale de cuisine.

Les Recettes fruitées, Éditions Jérôme Villette, 1997.
Grand Prix de littérature culinaire 1998 (ouvrage professionnels) de l'Académie nationale de cuisine.

Savoureusement vôtre, Éditions Jérôme Villette, 1999.
Grand Prix de littérature culinaire 2000 (ouvrages grand public) de l'Académie nationale de cuisine.

Collection École Lenôtre (ouvrages ci-dessus / Above)
Ruban bleu de la formation professionnelle, Intersuc 1998

Chocolats et Confiserie Tome 1 et Tome 2, Éditions Jérôme Villette, 2000.
Grand Prix de littérature culinaire 2000 (ouvrages professionnels) de l'Académie nationale de cuisine.

Petits Gâteaux à l'heure du thé / Petit Pastries for Tea Time, Éditions Jérôme Villette, 2002, 2004.
Grand Prix de littérature culinaire 2003 (ouvrages de pâtisserie) de l'Académie nationale de cuisine.

Cocktails dînatoires et Amuse-bouche / Cocktail Pieces and 'Amuse-bouche', Éditions Jérôme Villette, 2003
Best Professional Book in English (rest of the world) des Gourmands World Cookbook Awards 2003.

Ouvrages déjà parus
By the same publisher

BOULANGERIE/PÂTISSERIE

LE COMPAGNON PÂTISSIER, t1 et t2
de Daniel Chaboissier
Grand Prix du meilleur ouvrage 1983 de l'Académie nationale de cuisine.

LE COMPAGNON BOULANGER
(synthèse technologique et pratique du boulanger moderne)
de Jean-Marie Viard
Prix du meilleur ouvrage 1984 de l'Académie nationale de cuisine.

L'ENCYCLOPÉDIE DES DÉCORS
(2e éd. mise à jour)
de Daniel Chaboissier et Armand Jost
Grand Prix du meilleur ouvrage 1986 de l'Académie nationale de cuisine

LE GOÛT DU PAIN
de Raymond Calvel
Grand Prix du meilleur ouvrage professionnel 1990 de l'Académie nationale de cuisine

LA FANTAISIE DES CROQUEMBOUCHES
de Daniel Chaboissier, Armand Jost et Yves Pegorer
Prix de littérature culinaire 1992 de l'Académie nationale de cuisine

LE TRAVAIL DU SUCRE
de Jean Creveux
Ruban bleu de l'enseignement, Intersuc 1992
Prix de littérature culinaire 1992 de l'Académie nationale de cuisine

PAINS DÉCORÉS ET PIÈCES ARTISTIQUES
de Roger Auzet

LE CAHIER DE DESSIN DU PÂTISSIER
de Daniel Chaboissier

PAIN, PASSION & FANTAISIE
de Rose-Marie Lefetey
Mention spéciale du Jury 1994 (ouvrages professionnels) de l'Académie nationale de cuisine

COMPAGNON ET MAÎTRE PÂTISSIER, t1 t2 et t3
de Daniel Chaboissier et Didier Lebigre
Prix de Littérature culinaire 1994 (ouvrages d'enseignement pour le t1)
Prix de Littérature culinaire 1996 (pour les t2 et t3) de l'Académie nationale de cuisine

20 MEILLEURS OUVRIERS DE FRANCE ET MÉDAILLÉS D'ARGENT SE DÉVOILENT ET VOUS OFFRENT LEURS RECETTES CHOISIES
L'Équipe de France de boulangerie
Grand Prix de Littérature culinaire 1994 (ouvrages professionnels) de l'Académie nationale de cuisine

LES RECETTES GLACÉES
de l'École Lenôtre
Grand Prix de Littérature culinaire 1996 (ouvrages professionnels) de l'Académie nationale de cuisine

LES PAINS ET VIENNOISERIES
de l'École Lenôtre
Grand Prix de Littérature culinaire 1996 (ouvrages professionnels) de l'Académie nationale de cuisine

LE TRAVAIL DU SUCRE : DÉCORS DE FÉERIE
de Jean Creveux
Grand Prix de littérature culinaire 1997 (ouvrages d'enseignement) de l'Académie nationale de cuisine

LES BUFFETS SUCRÉS
de l'École Lenôtre
Grand Prix de littérature culinaire 1997 (ouvrages professionnels) de l'Académie nationale de cuisine

SANDWICHS AU BON PAIN
de L'INBP
Prix de littérature culinaire 1998 (ouvrages grand public) de l'Académie nationale de cuisine

LES CROC'MIDI
de L'INBP

CROQUEMBOUCHES EN FÊTE
de Daniel Chaboissier
Grand Prix de littérature culinaire 1998 (ouvrages professionnels) de l'Académie nationale de cuisine

CHOCOLATS ET CONFISERIE, t1 et t2
de l'École Lenôtre
Grand Prix de littérature culinaire 2000 (ouvrages professionnels) de l'Académie nationale de cuisine

LES MEILLEURES TARTES DE FRANCE, t1 et t2
de Daniel Chaboissier
Grand Prix de littérature culinaire 2003 (ouvrages de pâtisserie) de l'Académie nationale de cuisine

TOURS DE MAIN, PAINS SPÉCIAUX ET RECETTES RÉGIONALES
de Christian Vabret
Grand Prix de littérature culinaire 2003 (ouvrages de boulangerie) de l'Académie nationale de cuisine
Best Book for Food Professionals in French (France) des Gourmand World Coobook Awards 2002

LA FARANDOLE DES CROQUEMBOUCHES
de Daniel Chaboissier
Grand Prix de littérature culinaire 2003 (ouvrages de pâtisserie artistique) de l'Académie nationale de cuisine

PETITS GÂTEAUX À L'HEURE DU THÉ
/ PETIT PASTRIES FOR TEA TIME
de l'École Lenôtre

Grand Prix de littérature culinaire 2003 (ouvrages de pâtisserie) de l'Académie nationale de cuisine

CAKES SALÉS ET SUCRÉS DES TROIS CHEFS
de L'INBP

SANDWICHS ET PAINS DU MONDE
de L'INBP
Prix de littérature culinaire 2005 (ouvrages professionnels de boulangerie) de l'Académie nationale de cuisine

PÂTE À CHOUX : TRADITION ET ÉVOLUTION EN 53 RÉALISATIONS SUCRÉES, SALÉES
de Jean-Philippe Walser et Jean-Michel Zapart
Best Book for Food Professionals (cookbooks in France) des Gourmand World Cookbook Awards 2004
Prix de littérature culinaire 2005 (ouvrages professionnels de pâtisserie) de l'Académie nationale de cuisine

DESSERTS À L'ASSIETTE
de Hubert Delorme et Vincent Boué
co-édition LT J.-Lanore/Éditions Jérôme Villette

LE CHOIX DU FLEXIPAN®
de Demarle

L'ENCYCLOPÉDIE DES SPÉCIALITÉS PÂTISSIÈRES : LA LORRAINE
de la Confédération nationale des artisans pâtissiers chocolatiers confiseurs glaciers traiteurs de France ; de l'Association des Formateurs en pâtisserie confiserie glacerie chocolaterie traiteurs ; coordonné et écrit par Daniel Chaboissier

PÂTISSERIES VIENNOISERIES, CRÉATIONS DES 4 CHEFS
de l'INBP

BOUCHERIE/CHARCUTERIE/TRAITEUR

LE COMPAGNON CHARCUTIER, t1 et t2
sous la direction de Jean-Claude Frentz
Prix du meilleur ouvrage 1986 de l'Académie nationale de cuisine

LE COMPAGNON TRAITEUR, t1 et t2
de Jacques Charrette et Guy Aubert
Prix Trombetta 1993

L'ÉCLAT DE VOS BUFFETS ET RÉCEPTIONS
de Claude Barrère et Gérald Martin
Mention spéciale du Jury 1994 (techniques nouvelles) de l'Académie nationale de cuisine

TOURTES ET PÂTÉS CHAUDS
de Georges Delangle
Mention spéciale du Jury 1997 de l'Académie nationale de cuisine

LES BUFFETS SALÉS
de l'École Lenôtre
Grand Prix de littérature culinaire 1997 (ouvrages professionnels) de l'Académie nationale de cuisine

LE LIVRE DU COMPAGNON CHARCUTIER-TRAITEUR
de Jean-Claude Frentz et Michel Poulain
co-édition LT J.-Lanore/Éditions Jérôme Villette

COCKTAILS DÎNATOIRES ET AMUSE-BOUCHE
/ COCKTAIL PIECES AND 'AMUSE-BOUCHE'
de l'École Lenôtre
Best Professional Book in English (rest of the world) des Gourmand World Coobook Awards 2003

CUISINE

MÉTHODE DE TECHNOLOGIE CULINAIRE t1 et t2
(version « professeur » et version « élève »
destinée à être complétée avec l'aide du professeur)
de Jean-Pierre Sémonin
Prix du meilleur ouvrage 1983 de l'Académie nationale de cuisine

VINGT PLATS QUI DONNENT LA GOUTTE
de Édouard de Pomiane
Co-édition Ph Fraisse/Jérôme Villette

LA CUISSON SOUS VIDE
de Alain Poletto
Prix de la meilleure technique nouvelle 1990 de l'Académie nationale de cuisine

LES TOURS DE MAIN DE LA CUISINE
(2e éd. mise à jour)
de Jean-Pierre Sémonin
Grand Prix du meilleur ouvrage d'enseignement 1990 de l'Académie nationale de cuisine

LA CUISINE DES POISSONS D'EAU DOUCE
de Jean-Pierre Sémonin et Jean-Claude Dupont
avec le concours d'Alain Rosier
Grand Prix de littérature culinaire 1992 (ouvrages professionnels) de l'Académie nationale de cuisine

CUISINEZ COMME UN " PRO "Recettes choisies
Préface de Denis Ruffel
Prix de Littérature culinaire 1994 (ouvrages Grand Public) de l'Académie nationale de cuisine

LE LIVRE DES CRÊPES
de Catherine Merdy-Goasdoué
Mention spéciale du Jury 1996 de l'Académie nationale de cuisine

LES DÉCORS FINS
de l'École Lenôtre

LES RECETTES FRUITÉES
de l'École Lenôtre
Grand Prix de littérature culinaire 1998 (ouvrages professionnels) de l'Académie nationale de cuisine

Collection École Lenôtre
Ruban bleu de la formation professionnelle, Intersuc 1998

SAVOUREUSEMENT VÔTRE
de l'École Lenôtre
Grand Prix de littérature culinaire 2000 (ouvrages grand public) de l'Académie nationale de cuisine

LA CUISINE DES COQUILLAGES ET DES CRUSTACÉS
de Jean-Marie Guilbault
Prix de littérature culinaire 2000 (ouvrages professionnels) de l'Académie nationale de cuisine

VINS

ŒNOLOGIE ET CRUS DES VINS
de Roger Piallat et Patrick Deville
Mention spéciale du Jury 1984 de l'Académie nationale de cuisine

Remerciements / Acknowledgements

Nous tenons à remercier tout particulièrement :

- Patrick Scicard, président du directoire, Olivier Turlan, directeur général adjoint chez Lenôtre, pour leur confiance et leur soutien.
- L'ensemble des chefs pâtissiers Lenôtre pour leurs conseils éclairés.
- Les collaborateurs de l'École Lenôtre pour leur concours amical.
- Hillary Nangle, Hye-Won Park, Lu-Yang Shi, Nacim Taguett, Rafael Protti, stagiaires à l'École Lenôtre, pour leur aide précieuse.
- Rebecca Reid, traductrice, Éric Morin, photographe, Mario de Castro, styliste et Christian Kirk-Jensen, maquettiste, pour leur talent et leur professionnalisme. Isabelle Maisonneuve-Combelles, pour son aide à la rédaction des recettes.

L'École Lenôtre remercie ses partenaires :

Cacao Barry, Elle et Vire, Grand Marnier, Matfer, Minoterie Viron, PCB création, Pellorce et Jullien, Ravifruit, Robot coupe, Trablit, pour l'excellence de leurs produits et leur aimable participation.

We would particularly like to thank:

- Patrick Scicard, CEO (Chairman of the Management Board), Olivier Turlan, Deputy General Manager of Lenôtre, for their confidence and support.
- All the Lenôtre pastrymakers for their enlightened advice.
- Associates at the École Lenôtre for their kind assistance.
- Hilary Nangle, Hye-Won Park, Lu-Yang Shi, Nacim Taguett, Rafael Protti, interns at the École Lenôtre, for their invaluable help.
- Rebecca Reid, translator, Éric Morin, photographer, Mario de Castro, stylist and Christian Kirk-Jensen, graphic designer, for their talent and professionalism. Isabelle Maisonneuve-Combelles for her help in writing the recipes.

We would like to thank our partners:

Cacao Barry, Elle et Vire, Grand Marnier, Matfer, Minoterie Viron, PCB création, Pellorce et Jullien, Ravifruit, Robot coupe, Trablit, for the excellence of their products and their generous participation.

Achevé d'imprimer en France / Printed in France
En avril 2010 sur les presses de l'imprimerie Clerc / In april 2010 by Clerc

Dépôt légal mai 2010, 2e impression / Copyright mai 2010